Ⓢ新潮新書

岡本茂樹
OKAMOTO Shigeki

いい子に育てると犯罪者になります

659

新潮社

まえがき

「『幼少期の家庭環境にまったく問題が無かった人はいない』という言葉がピンときません。僕は、主観的にも客観的にも、幸せな家庭で育ったと思っています。勉強もできた方だし、親にはよく褒められました。ただ、小学生時代の冬には仮病で不登校をしていました。ストーブで体温計の温度を上げていたんです。小学校の5〜6年くらいには、何度か友だちの筆記用具を盗んだこともありました。自分の怠惰と物欲に従って行動しただけで、背景につらい過去とかネグレクトとか何もなかったと思っています。これは、どう考えればいいのでしょうか」（傍線部筆者）
この文章は、私の授業を受けた3年生の男子大学生（21歳）が書いた「授業の感想文」です。名前を仮に木下君とします。
木下君の文章は、非常に「危《あや》うい内容」を含んでいます。危うい内容とは、はっきり言うと、「木下君は犯罪者になる可能性がある」ことです。なぜそうなのかと言うと、彼は「幸せな家庭で育ったと思っています」と書きながら、幼少期に問題行動を起こしているからです。そして問題行動を起こした理由の本人の理解がとても表面的です。要するに、木下君は自分自身のことをまったく理解していません。これは、犯罪心理から言うと、非常に危険です。常識的に考えれば、本当に幸せな家庭で育った者なら、このような問題行動を起こしません。彼は自分の心のなかにある「何か重大なこと」に気づいていないのです。

木下君の問題行動は、「不登校」と「友だちの筆記用具を盗んだこと」の二つです。木下君は、なぜストーブで体温計の温度を上げるようなことまでして学校に行か（け）なかったのか、なぜ何度か友だちの筆記用具を盗むようなことをしたのか、過去を振り返って自分の内面をみつめる必要があります。なのに彼は「自分の怠惰と物欲に従って行動しただけ」と、いかにも「もっともらしい理由」を挙げていますが、これではまったく理由になっていません。このまま自分のことを理解しないで社会に出ていくと、繰り返しになりますが、最悪の場合、彼は犯罪者になる可能性があります。そこで、あえて最悪の場合を想定して、その可能性を具体的に説明しましょう。

木下君の二つの問題行動には共通点があります。「人にばれない方法」を用いていることです。「不登校」も「友だちの筆記用具を盗んだこと」も、それぞれ行動を起こすには最初は罪悪感があったと思います。「ストーブで体温計の温度を上げて、ずる休みをしても大丈夫だろうか」「黙って友だちの物を盗ってしまった。どうしよう……」などと思ったかもしれません。とにかく、最初はビクビクしていたでしょう。しかし「人にばれない方法」がうまくいくと、「ああ、ばれなくて、よかった」と考えるようになります。「成功体験」を得たことで、「よし！　もう一回やってみよう」という気持ちになるのは自然な流れです。回数を重ねるにしたがって、罪悪感は少しずつ薄れます。それと並行して、問題行動はエスカレートしていきます。「次は、店の物を盗んでやろう」と考え、それにも成功すると、だんだんと高額な商品に手を出すことになります。重大な事件を起こすに至る「階段」を一つずつ上がっていく典型的なパターンです。

さらに「最悪の犯罪」という仮定で説明を進めると、窃盗の犯罪でよくある「空き巣狙い」が考えられます。誰もいない家に上がり込んで金目の物を物色するのです。そのとき家の人が帰ってくると、当然家の人はびっくりして大声を上げます。その声に驚いてパニックになり、部屋にあった花瓶か包丁で家の人を殺害してしまいます。窃盗がエスカレートした最悪の結末は強盗殺人です。「幸せな家庭で育った」と思っていた者が、人の命を奪うことになるのです。「最悪の場合を想定して」と書きましたが、このような過程を経て刑務所に入っている受刑者がいることは事実なのです。

私は、大学で授業をする際、学生に授業中に感じたことや疑問に思ったことなどを自由に書いてもらいます。それが「授業の感想文」です。そして、彼らが書いた感想や疑問を次回の授業の最初にいくつか取り上げ、全員の学生の前でコメントを返します。学生数はおよそ250人から300人。私が読み上げる文章は、本人以外、誰が書いたか分かりません。もちろんプライバシーの問題があるので、学生の文章をそのまま読むことはしません。私は、表現を変えて彼らの感想を読み、私自身が感じたことを話したり学生の質問に答えたりしています。木下君の文中にあった「幼少期の家庭環境にまったく問題が無かった人はいない」というのは、私が授業中に語った内容を示しています。
私は木下君が書いた文章を授業で読み、「幼少期に素直に自分の気持ちを出せなかったときがあったのではないですか」と私の「仮説」を伝えました。この仮説を立てた理由は、彼が親に正直に「学校を休みたい」と言っていないからです。学校に行か（け）

ないのには必ず「本人なりの理由」があります。それを親に言わ（え）ないで、「隠れて体温計の温度を上げている」のです。さらに、小学校の高学年には、何度も友だちの筆記用具を盗んでいます。木下君は友だちに「その筆記用具、いいなあ。欲しいなあ」と言うこともなく、黙って人の物を盗っているのです。

他人の物を何度も「黙って盗る」というのは、極めて幼稚な行動です。「欲しい」のなら、断られるのを承知のうえで、せめて相手に「それ、いいなあ。欲しいなあ」と尋ねてみるべきです。その言葉が口から出なかったということは、彼は自分の欲求を素直に言えなくなっていたことになります。彼の問題行動は幼少期に起きています。したがって、木下君の問題行動の背景には、幼少期の親子関係で彼が素直に自分の気持ちを出せなくなっていた可能性が疑われます。そうした心の問題を、「物欲」という、「もっともらしい言葉」で片付けてはいけません。当時の木下君は、自分の欲求を親に言わ（え）なくなっていたのです。では、なぜそうなったのかと言うと、彼は「親は自分の欲求を受け止めてくれる人ではない」と思ったからです。なので、木下君は「なぜ、そう思うようになったのか」を考えないといけません。

こうした話をしたところ、木下君は私の「仮説」に対する「返信」を、次の「授業の感想文」に書いてきました。

「『幸せな家庭で育った』と書いた者です。

『素直じゃない自分』という言葉を聞いて、ドキリとしました。

僕には二つ上の姉がいます。姉が何かして怒られるのを見て、『ああしなければいいんだ』と初めから怒られるようなことを回避しようとしたり、母や姉が何か言うと父が揚げ足を取って怒ったり空気を悪くするのを見て、『家のなかではちょっとでも父のカンにさわるような発言はしないようにしよう』と考え、行動するようになっていました。また、両親が共働きで、目が行き届かないことをいいことに、家でテレビゲームばかりしていた時期がかなり長くありました。家族の前では『怒られない、かしこい息子』でいようと努め、その息抜きも見られないところでしていました。虐待も家庭内暴力もなかったけど、僕が幼い頃にしたことは家庭環境と関係があることに初めて気づきました」

木下君が置かれていた家庭環境を整理しましょう。幼少の頃、彼は家で、常に父親の顔色をうかがい、「怒られない、かしこい息子」になろうと努めていました。両親に反抗する姉を横目で見ながら、彼は「いい子」になろうと懸命だったのです。おそらく両親は「お姉ちゃんは反抗ばかりしてダメな子。それに引き替え、お前はいい子だね」と彼を褒めていたことが容易に想像できます。「男の子」という意味での期待感もあったかもしれません。こうして彼の「いい子」像は、本人も気づかないまま、どんどん強化されていったのです。

そんな彼にとって、家庭は安心して心と身体を休める「居場所」とはなっていません。常に緊張を強いられています。だから、彼は心身ともに疲れてしまい、学校に行か（け）なくなったと考えられます。常に親の顔色をうかがっていると、当然親に素直に甘えることができません。友だちに「いいなあ。欲しいなあ」という素直な欲求が言えなかったのは、ここに起因していると考えられます。

私は学生に「変わること」ではなく、「元に戻ること」を求めます。元に戻ることとは、簡単に言えば、素直に自分の気持ちや感情を出せるようになることです。だからと言って、自分の考え方や行動パターンは長年かかってつくられたものなので、即座に元に戻ることはできません。私は再び木下君の感想を取り上げ、「まずは自分自身の課題に気づいているだけでOKです。少しずつでかまわないので、自分の気持ちや感情を素直に出すようにしてくれませんか」と伝えました。すると彼から、また返事が返ってきました。

「なんだか先生に（ある意味では教室全体に）自己開示をしていると、それだけで過去の振り返りになり、気持ちに整理がつき、少しラクになったように感じています。ありがとうございます」


たった3回の「授業の感想文」によるやり取りでしたが、木下君が自分の幼少期を振り返り、自分のどこに問題があったのか、彼が自分の心の問題の原点を理解したことは間違いありません。自分の心に蓋をしていた内面の問題を書いたことで、気持ちの整理ができています。だから彼の心は「少しラクになった」のです。

私は木下君と直接会話をしたわけではありません。もちろん彼が長年気づかずに抱えていた課題がすべて解決したわけではありませんが、授業を通じて木下君と「対話」したことで、彼の今後の人生がいい方向に向かうことが期待できます。自己理解を得てこれからの人生を送るのと、自己理解がないまま人生を送るのとでは、雲泥の差がありま す。これで彼が犯罪者になる可能性がなくなったわけではありませんが、低くなったこ とは確かです。

冒頭から長々と一人の学生とのやり取りを書いてきましたが、木下君のような学生は稀ではありません。程度の差はあるものの、彼のような問題を抱えている学生がとても多いのです。授業の最初に木下君のことを話しているとき、私は多くの学生の「真剣な眼差し」を感じていました。内容こそ違えども、多くの学生が、木下君の話に自身の幼少期を重ね合わせ、自分の心のなかにある「いい子」の面を感じ取っていたのです。「授業の感想文」で「このままだと私は犯罪者になっていたかもしれません」と書いた学生もいました。学生たちは彼ら自身の心の奥底にも自らを苦しめている問題の原点が存在することに気づいたのです。

悩みを誰にも言えずに一人で苦しみを抱え込んでいる学生。周りの目を異常に気にして生き辛さを感じている学生。本当は寂しいのに強がっている学生。悩みや苦しみは多様です。背景もさまざまですが、問題の原点は共通して幼少期にあります。このことを、私は刑務所に収容されている受刑者から教えてもらいました。

現在私は、ＬＢ指標の付いた刑務所で、受刑者に対して、更生プログラムを作って授業をしたり個人面接をしたりしています。受刑者は、基本的にAとBという二つの指標に大別されます。A指標は初犯など犯罪傾向が進んでいないことを意味し、B指標は何度も犯罪を繰り返し犯罪傾向が進んでいることを示します。そして、刑期が10年以上の場合、ＡとＢの前にＬ（Long の略）という指標が付きます。したがって、ＬＢ指標の付いた刑務所は、日本で極めて重大な事件を起こした受刑者が収容されている刑事施設となります。

心に問題を抱えていない受刑者は皆無です。しかし自分の心に問題を抱えていることに気づいている受刑者はほとんどいません。だからこそ、過去にさかのぼって彼らの「語り」に耳を傾ける必要があるのです。そうすると、必ずといっていいほど、問題の原点が幼少期にあることが分かります。受刑者の問題の原点が明らかになったとき、私の頭をよぎることがあります。もし幼少の頃、問題の原点に適切な手当てをしておけば、いま目の前にいる受刑者は罪を犯さなかったかもしれないと。そもそも私の前には、この受刑者はいなかっただろう。そして、被害者も生まれることはなかったと。

幼少期という、早期の段階で問題の原点に適切な手当てをしておけば、子どもたちはよい方向に向かいます。しかし周囲の大人は、表面に現れた問題行動に目を奪われ、問題行動に対して罰で対処しがちです。問題行動が暴力行為であれば、大人は力で制圧しようとします。当然、子どもたちは、大人の力に屈します。そのとき彼らの心に憎悪や悲しみといった否定的感情が芽生えます。同時に、幼心《おさなごころ》に「やられたらやり返す」とか、男の子なら「男は勝たなければならない」といった、犯罪を引き起こす危険な価値観を取り込むことになります。

そうした環境を生き抜いた子どもたちが思春期を迎えると、どうなるでしょうか。その頃には、力関係が逆転します。力で抑え込もうとする大人がいたら、彼らも力で対抗します。大人に勝利したとき、彼らの問題行動は一気に加速します。幼いときに自分の苦しい気持ちを受け止めてもらえなかった子どもたちの復讐が始まるのです。彼らは、もはや大人を信用しません。犯罪のエネルギーもパワーアップしていきます。もちろん、この時点で大人が受容的に接すれば、変わる子どももいるかもしれません。しかし残念ながら、その可能性は、幼少期に比べれば、はるかに低くなっています。だからこそ、幼少期の段階で、子どもたちが起こす問題行動をチャンスと捉え直し、罰ではなくケアの視点（シンプルに言えば「愛情」）で対処しないといけないのです。

本書の目的は、幼少期において子どもが育つなかで、私たちが見過ごしている「盲点」、すなわち問題行動（とくに犯罪）の原点を明らかにすることにあります。その原点は、私たちが「当たり前」と思っていた子育てや教育のあり方、親や教育者の心のなかに刷り込まれている価値観とつながっています。そうした盲点を明確にしたうえで、問題行動の原点にどのように対処すればいいのかを示します。

私たちには誰もが犯罪者になる可能性があります。「そんなバカなことがあるのか」と思われる方がいるでしょう。そこで、ちょっと想像してみてください。たとえば、自分を支えてくれる人が誰もいなくなって、しかもその状況が長期間続いたら、私たちは普通に生活できるでしょうか。少なくとも私は自信がありません。孤独はストレスになります。周囲にいる誰一人として自分のストレスを受け止めてくれないのです。普通に生活するどころか、苦しくて寂しくて頭がおかしくなるのではないでしょうか。こんなとき、何かアクシデント――学生なら留年、会社員なら仕事のミスなど――が起きようものなら、それが引き金となって一気に限界を超えるのではないでしょうか。自暴自棄になって爆発（＝犯罪）するか絶望感を抱いて自ら命を絶つのか、どちらも可能性はあり得ます。極端な例ですが、一定の条件がそろえば、誰もが犯罪者になるかもしれないのです。一定の条件とは、寂しさとストレスが自分の「許容範囲」を超えることです。

本書では、とくに子どもの成長過程で生まれる寂しさとストレスに注目しました。何の疑いもなく子どもに対して用いていた言動や気持ちの行き違い、「子どもの心を受け止める言葉」の不足などが重なると、大人が気づかないところで子どもは寂しさとストレスをため込んでいき、最悪の場合、犯罪者になります。犯罪者でなければ、心の病に陥ったり、自殺したりする可能性があります。問題行動を起こさなくとも、苦しみを抱え込んで生き辛さを感じ続けることになるかもしれません。それらの原点は、すべて幼少期にあります。

あなたは「協調性があること」は良いことと思い込んでいませんか。「臆病であること」はダメと考えていませんか。どちらの問いにも何の疑いもなく〝イエス〟と答えた方は、ぜひ最後まで本書を読んでください。きっと価値観が変わります。生き方も変わります。子育てや子どもを教育している方は子どもへの接し方が変わります。

本書のタイトルは『いい子に育てると犯罪者になります』です。犯罪者にならないために必要なことが分かれば、人は問題行動を起こしたり生き辛さを感じたりすることなく、健康的に生きることができます。犯罪者の問題の原点（根）は、罪を犯さない人のそれと比較すると、もちろん大きな差があります。しかし犯罪という、極端なケースが生まれる背景を理解することで、曖昧なケースがクリアーになります。本書の特徴は犯罪心理から幼少期の子育てのあり方を考えることにあります。

受刑者に事件を起こした理由を聞くと、いろいろな答えが返ってきます。「悪い仲間と付き合ったことがきっかけでした」「覚醒剤を使ったから殺人をしてしまった。覚醒剤が問題です」「事件を起こしたとき、自分はどうかしていた」などは「代表例」です。こうした理由が間違っているわけではありません。しかし問題の根はそこではありません。もっと深いところにあるのです。問題の根を探り当てるには、「なぜ悪い仲間と付き合うようになったのか」「なぜ覚醒剤を使うようになったのか」「自分がどうかしてしまうほど、どんな苦しいことが積み重なっていったのか」と過去を振り返らせる質問をしていきます。一つひとつ過去にさかのぼって話を聴いていくと、最後は幼少期の育ちの問題に辿《たど》り着きます。

非行や罪を犯した原点（根）をすべて幼少期に求めることに抵抗を感じる人がいるかもしれません。そう思われる気持ちも分かります。実際、非行少年や犯罪者のなかには「私の家庭環境には問題がなかった」と言う者が少なくありません。しかしその考えは、本書を読み終えるまで、いったん保留にしてください。問題がなかったと思い込んでいた幼少期に、実は本人もまったく気づいていなかった「根」があるのです。その根の存在に気づかないと、犯罪者なら「更生は容易ではない」と言わざるを得ません。なぜなら、木下君のケースで述べたように、自己理解がないからです。

自己理解がないまま、「二度とやりません」と固い決意をしたり、「申し訳ありませんでした」と深く謝罪したりしても、犯罪の抑止力としてはほとんど期待できません。しかし少年院や刑務所では非行少年や犯罪者に固い決意と深い謝罪を求めることが強調されています。そして、この教育こそが再犯につながっています。さらに言えば、固い決意と深い謝罪は、家庭におけるしつけにも普通に行われています。だからこそ、非行や犯罪が起きる問題の原点を理解する必要があるのです。

本書では、私が刑務所で関わった受刑者と覚醒剤取締法違反の罪に問われた酒井法子さんを主に取り上げていますが、子どもの問題に頭を悩ませている人、子育てに格闘中の人、人の支援に携わる方、そして健康的に生きたいと願うすべての人に本書を読んでもらいたいと思っています。

ちなみに、本書で酒井法子さんを取り上げた理由は二つあります。一つは、2013年8月8日号の『女性セブン』（小学館）に掲載された私のインタビュー記事と関係があります。この記事では、酒井法子さんが謝罪会見で「覚醒剤を使った理由を『自分が弱かったから』」と語ったことを問題にしました。見出しには「『酒井法子は反省するより根本を見つめるべき』と更生専門家」とありました。しかし1ページのインタビュー記事では説明不足です。「更生専門家」と記されたからには、根本とは何かを明らかにしたいと思いました。もちろん根本は酒井さんの幼少期にあります。二つ目の理由は、おせっかいなことは承知のうえで、酒井さんに二度と同じ過ちを犯してほしくないからです。そして、若い頃、酒井さんの歌や演技に元気をもらったファンとして、彼女を応援したいことも私の本音です。

いい子に育てると犯罪者になります　目次

まえがき　3

第1章　明るく笑う「いい子」がなぜ罪を犯すのか　23
苦しいからこそ笑っている／笑顔の裏側に隠された本当の気持ち／宮本亜門はなぜ自殺未遂をしたのか？／子どもがピンチのとき、あなたならどうする？／「君のことが知りたいんだ」／問題行動が出る前は皆「いい子」／残酷な話をしながら笑う受刑者／自己防衛としての笑顔／自分の感情をマヒさせていく過程／一度罪を犯すと更生は容易ではない？

第2章　少年院に入ると、さらに悪くなる　55
少年院では「私語禁止」／少年院と刑務所の違い／私語を許すと「悪の情報交換」が……／私語禁止という規則がもたらす心理的問題／「脱走頻発」で厳格化／非行少年の作文に表れた「問題」／非行に走った本当の理由／「目立ちたくなる心理」の背景にある愛情飢餓／タバコやシンナーは「必要」だった／「絶対迷惑はかけない」は危険な発想／「この少年は更生できないですね」／「形が整っている」ことが評価の基準／力を信奉している教官たち／「固い決意」は再犯の抑止力にならない

第3章　受刑者の心の奥底にある幼少期の問題　95
受刑者の幼少期は100%不遇／両親の愛情を受けて育ったと思い込んでいた受刑者／「愛されて育った」のになぜ非行に走ったのか？／怒りを吐き出すことで「愛情」の意味に気づく／本音を出すことで自分の問題の原点に気づく／「明るさ」を演じ続けた受刑者／教師の不用意な言動と上級生の暴力／謝罪文だけが「罪の償い」を表す言葉なのか？／原点は幼少期の母親の言葉

第4章　「つらい過去」に蓋をしてはいけない　132
自分自身と向き合っていない酒井法子／覚醒剤の再犯者が陥る典型的なパターン／「固い決意」はあてにならない／薬物に手を出したのは「必要だったから」／人に素直になれなくなった原点／罪悪感を持つと「いい子」になる／「いい子」の面を強化した父親と義母／危険な「抑圧のパターン」／価値観のプラス面とマイナス面／必要なのは「甘える力」／悲しいときは泣いてください

第5章　子どもの前に、親が自分自身を受け入れる　172
わがままはダメじゃない／「男らしくなければならない」からの解放／「強い正義感」が殺人

事件を引き起こしたケース／悩みや苦しみを打ち明けられますか？／ストレスを生み出す20の価値観／刷り込まれた価値観を考える20のヒント／価値観の裏側を見る習慣を／グチを言える人間関係を

第6章　幼少期の子育てで知っておきたいこと　200

親に素直に甘えられること／「嘘をつかない」を子どもに約束させてはいけない／嘘をつけないと「大きな嘘」で問題を起こす／子どもに「自信を持たせる」子育ての方法／「思考」ではなく「感情」を重視せよ／「大丈夫」という言葉は本当に大丈夫？／反抗期は「自己表現期」と捉える／「評価の言葉」で子どもを褒めるな

あとがき　229

本書の成り立ちについて　233

第1章　明るく笑う「いい子」がなぜ罪を犯すのか

苦しいからこそ笑っている

あなたは、にこにこと明るく笑う子どもに声をかけるとしたら、何と言いますか。ほとんどの人は、「明るくていい子だね」と褒めるのではないでしょうか。このことに疑問を持つ人はいないでしょう。しかし「いい子だね」という、誰もが普通に使っている言葉が、子どもが犯罪者になる「きっかけ」になっている場合があるのです。分かりやすい例で説明します。

二人のにこにこと明るく笑う子どもがいるとしましょう。共に一人っ子で、小学5年のA子とB子とします。二人とも学校で、にこにこと笑い明るく振る舞っています。しかし家庭環境は正反対です。A子の家庭は両親の仲がとても良く、A子にとって家庭はとても居心地のいい場所です。他方、B子の家庭は両親が不和で、いつも喧嘩が絶えません。B子は家のなかが暗いので、自分が一生懸命に明るく振る舞うことで家を明るい雰囲気にしようとします。しかし内心では「私が悪い子だから、お父さんとお母さんはいつも喧嘩ばかりするんだ」と自分を責めたり、「お父さんとお母さんがいなくなったらどうしよう」と悩んだりしています。B子は、本当はものすごく苦しいのです。苦しいのに「苦しい」と言えず、子どもながらに「私が家を明るくしよう」「お父さんとお母さんの仲が良くなれば、私は捨てられない」と思って、いつも笑顔を絶やさず明るく振る舞っているのです。

にこにこと笑う明るい子どもを見ると、大人はその表面の姿を捉えて「いつもにこにこして、本当にいい子だね」と言って褒めます。しかしその褒め言葉は、A子とB子にはまったく違ったメッセージを与えることになります。A子には、とてもうれしい言葉となって、これからも彼女は自然とにこにこと笑う明るい女の子になるでしょう。A子は、本当にいい子なのです。

一方、家庭の暗い雰囲気を明るくしようと無理をしているB子にとって、褒め言葉は「もっと自分の苦しい気持ちを抑圧して、笑顔を絶やさず、明るく振る舞いなさい」というメッセージを与えていることになります。B子は何の疑問も持たず、ますます抑圧を強めていきます。褒め言葉が抑圧を強化しているのです。

そうすると、B子に残された道は二つしかありません。このまま「いい子」を続けるか、「いい子」であることに疲れてギブアップするか、のどちらかです。ギブアップの仕方はさまざまです。非行という形で表面化し、エスカレートすると犯罪者になるかもしれません。あるいは、不登校といった形で完全にエネルギーを失ってしまう場合もあります。「優等生の息切れタイプ」と言われる不登校のパターンです。不登校にならなくとも、思春期以降に問題が先送りされ、大変な生き辛さを抱かせることになるかもしれません。その最悪の結果は「自殺」です。

上記に書いたことは極端に思われるかもしれません。しかし一時期、中学・高等学校の教育現場に身を置いたことのある私は、B子のような「いい子」が突然大きな問題行動を起こすケースを何度も目の当たりにしてきました。たとえば、中学校まではとても明るかった生徒が、高校生になった途端、手のひらを返すように非行に走るのです。突然学校に来なくなったケースも少なくありません。問題行動はいつ起きるか分かりません。抑圧していた期間が長ければ長いほど、ストレスが大きければ大きいほど、問題行動の出方は激しいものになります。

明るく素直だった子どもが突然、大きな問題行動を起こした場合、私たちは「いつも笑顔を絶やさなかったあの子がなぜ？」と思ってしまいますが、「自分の本当の気持ちをずっと言えず、ものすごい苦しみがあったのだ」と見方を変えなければなりません。

笑顔の裏側に隠された本当の気持ち

にこにこと明るく笑っているからと言って、子どもが本当に楽しくて笑っているとはかぎりません。明るさを無理して見せている子どもがいるのです。無理して見せるには、その子どもを追い詰めている背景（とくに家庭環境）を考えないといけません。

しかし親は子どもの「つくった笑顔」の理由になかなか気づけません。なぜなら、いつもいっしょにいるからです。したがって、周囲の大人や教師が気づいて声かけを変えないと、その子は無理して笑ったままです。

子どもの家庭環境を理解していれば、周囲の大人の声かけは変わります。「明るくていい子だね」と言う代わりに、「何かしんどいことはない？」「放課後にいっしょに話でもしないか」といった言葉がけが、大げさではなく、その子どもの「命」を救うかもしれないのです。なぜなら、子どもが「本当はしんどくてたまらない……」と自分の本当の気持ちを言えるチャンスになるからです。

犯罪という視点でB子のケースを考えた場合、見過ごせないことがあります。B子は親のしつけによって「いい子」になったのではなく、「自らの意思」で「いい子」になったということです。「自らの意思」と書くと誤解を招くかもしれないので、「無意識のうちに」と言い換えた方が適切でしょう。日常的に両親の不和を見続けたB子は「いい子」になる道を選んでしまったのです。その後、「いい子」を続けることにギブアップしたB子が非行に走ってしまったと仮定します。B子は常に心のなかに鬱積《うっせき》した苦しい思いを抱え込んでいたはずです。そんなB子にとって、非行という問題行動は、彼女の鬱積した否定的感情を発散させる「効果」があります。

非行は喫煙、万引きから始まり、最悪のコースを考えればシンナー、覚醒剤の使用へとエスカレートするかもしれません。犯罪が発覚したとき、両親は我が身を省みることなく、厳しくB子を叱りつけるでしょう。B子は落胆し「魔が差してしまった」「自分が弱かった」「悪い友だちと付き合った私が悪い」などと考えるでしょう。そして、罰を受けた後、「二度とやりません」「本当に申し訳ありませんでした」と固い決意と謝罪の言葉を口にします。しかし、これで本当に立ち直れるでしょうか。

問題行動を起こしたとき、B子が向き合わないといけないことは、彼女が「いい子」にならざるを得なかった原点です。当然、両親もいっしょになって、「なぜ娘は犯罪に手を染めたのか」を考えないといけません。

しかし現実は、両親の問題には目は向けられず、子どもに罰が与えられるだけです。

宮本亜門はなぜ自殺未遂をしたのか？

ＮＨＫの衛星ハイビジョン放送で、２００７年1月10日から日本の各界の著名人を取り上げたドキュメンタリー番組が始まりました。番組名は「わたしが子どもだったころ」です。放送時間は45分。番組の構成は、毎週一人の著名人が自らの少年・少女時代の思い出を語り、それを基にした再現ドラマが放映される形式となっています。宮本亜門さんの回は、第59回の２００８年11月5日に放送されました（ＮＨＫ総合では、２００８年12月1日）。その放送を観て、私は初めて宮本さんが高校生のときにひきこもりになり、自殺未遂をしていたことを知りました。常に笑顔を絶やさない宮本さんが思春期に大きな心の問題を抱えていたことに大変驚きました。同時に、そのような心の問題があるには、必ず幼少期に問題の原点があると考えました。そして、問題の原点はテレビのなかにはっきりと映し出されていました。その内容を記す前に、宮本亜門さんのことを簡単に説明しておきます。

宮本亜門さんは１９５８年1月に新橋演舞場の近くで、喫茶店を営む父親と、松竹歌劇団専属のダンサーであった母親との間に生まれました。本名は宮本亮次です。趣味は仏像鑑賞で、小遣いを貯金しては京都や奈良を旅していました。

港区立白金小学校から玉川学園へ進学しますが、高校1年生のときに不登校になり、約1年間ひきこもり生活を送り、その間自殺未遂をします。酔っ払った父親に日本刀を突き付けられたことがきっかけで、宮本さんは母親と病院に行くことを約束し、1年生の終わりに慶應病院の精神科に通院を始めます。そこで精神科医と出会い、学校に復帰できるまでに回復します。その後、玉川大学の演劇専攻科へ進学し、大学4年生のとき退学してミュージカルのダンサーとしてデビューします。24歳のときにダンススタジオをオープンし、1年間経営した後、2年間ロンドンに遊学して７００以上の舞台を鑑賞。帰国後、演出家を目指すため、名前を亮次から亜門へと改名し、以後日本だけでなく海外でも演出家として活躍しています。

話を元に戻します。宮本さんは高校1年生のとき不登校になります。なぜ、彼は学校に行けなくなったのか、宮本さんの語りと再現ドラマからみてみましょう。

宮本さんが幼少期を過ごした場所は、新橋演舞場の近くの喫茶店です。喫茶店には、日本舞踊や歌舞伎などをするたくさんの役者が来店していました。母親といっしょに新橋演舞場に注文の品を配達することもありました。そのとき、宮本さんは舞台の奈落《ならく》で多くの役者を間近に見ていました。そのような環境にいたので、宮本さんも日本舞踊に興味を持ち、幼稚園のとき藤間流日本舞踊を習うことになります。「事件」は、そのとき起きました。

稽古が終ってから学校に行った宮本さんは、いじめにあいます。宮本さんの首の周りに白粉《おしろい》が付いていたので、それを見た子どもたちが「男のくせに化粧してる。えーい。女、女。えーい、女、女」と取り囲んだのです。「別に、白粉だよ」と反論しても、そんな言葉は子どもたちには通用しません。ひどく落ち込んで家に帰った宮本さんは、踊りをやめたいと母親に告げます。以下は、ドラマで交わされた亮次と母親の会話です。

亮次「お母さん、踊りやめる」

母「なんで?」

亮次「女みたいってバカにされた」
母「バカねえ。何にも恥ずかしいことないじゃない。みんなの方が変なのよ。芸ごとがわからない連中はほうっておきなさい。いいわね。ほら、元気出して。笑って」
母親の言葉を聞いて、それまで暗い表情だった宮本さんは、無理に笑顔をつくろうとします。「笑顔でいること」は母親のしつけの一環だったのです。そして、笑顔でいることが、自らを苦しめ、ひきこもり、そして自殺未遂にまで追い込む原点となっていたのです。
自伝である『ALIVE（アライブ）――僕が生きる意味をみつけるまで』（日本放送出版協会　２００１年）のなかで、宮本さんは「『日舞を習うことは、普通と違うことなんだ。みんなには言わないようにしよう』と、心に決めた。それまでは、いたって天真《てんしん》爛漫《らんまん》な子どもだったのだが……」と語っています。「ありのままの自分」でなくなる瞬間です。宮本さんは、小学生のときに悩みを抱え込むという悲壮な決意をします。嫌なことがあっても、みんなとうまくやっていこうと思って、笑顔をつくることにしました。そして、その笑顔は「こわばっていた」のです。

子どもがピンチのとき、あなたならどうする？


私は大学の授業で、この番組を学生に観てもらっています。視聴後、簡単な「演習」として、前述の亮次と母親の会話を取り上げ、「君たちが母親（あるいは父親）だったら、亮次の言葉に対して、何と言いますか」と課題を出します。「正解」はありません。学生一人ひとりが「自分なりの答え（応答文）」を紙に書きます。学生たちは、「将来、自分の子どもがいじめられて、亮次と同じことを言われたら、そのとき親として何と言うか」と想像して、一生懸命に考えます。

学生たちの回答例を挙げてみます。

ある男子学生は、「踊りをやめたいのなら、やめてもいいよ。亮次の好きにしていいよ」と書きました。一見、物分かりのいい回答のように思えますが、亮次は踊りをやめることを母親に認めてほしかったのでしょうか。

ある女子学生は、「お母さんは亮次の踊る姿が好きだなあ。やめたいと思う気持ちになることもあるけど、お母さんは続けてほしいなあ」と書きました。踊りを続けてほしいという親の願いがこもった言葉です。ただ、この言葉を言われると、亮次は何も言い返せなくなるでしょう。

考えるポイントは、亮次はこのとき「母親にどうしてほしかったのか」ということです。亮次が「踊りやめる」と言った背景には「女みたいってバカにされた」ことがあります。子どもはストレートに感情を表現するのが苦手です。したがって、子どもの言葉の裏に隠されたメッセージを大人は読み取らなければなりません。

亮次の言葉は、いじめられたことで悲しかった、つらかった、苦しかった思いがいっぱい詰まっています。子どもがいじめられたことを親に言うのはものすごい勇気が必要です。ヘルプの信号を出しているのです。だからこそ、励ましや助言は「正論」となって、逆に子どもの心を閉ざさせることになります。親はただ亮次の否定的感情を受け止めればいいのです。そうすれば、亮次はその後に続く苦しい思春期を過ごさずにすんだのかもしれません。

ちなみに、「正解はない」と書きましたが、私は「私なりの正解」があります。いじめられたことを親に告白したとき、私自身が「親から言ってほしい言葉」が、私なりの正解です。学生たちにとっても、正解は一人ひとり違っていいのです。私なりの正解は、本書の「あとがき」の最後に記します。私なりの正解を読む前に、皆さんも「どう言うか」一度考えてみてくださいませんか。
なぜ亮次はひきこもりになったのかを確認しておきます。亮次の母親に愛情がなかったわけではけっしてありません。むしろ、母親は強い愛情を亮次に注いでいました。そして、亮次も母親の愛情を感じていました。問題は、母親の子どもへの関わり方です。

苦しくても悲しくてもつらくても、笑顔でいることを母親に求めたのです。それが、亮次に本当の感情を抑圧させることになりました。番組のなかで宮本さんは「もともと笑顔が好きでした」と前置きして、「人と合わせるように笑顔をつくることも覚えたということかな。違う笑顔かもしれない」と振り返っています。結局、亮次は苦しみを「笑顔」で封じ込め高校生になってから、不登校、ひきこもり、そして最悪の結果である自殺を試みるまでに追い詰められていったのです。

「君のことが知りたいんだ」
宮本亜門さんが慶應病院の精神科に通院したことは述べました。番組では中年の男性が医師を演じています。医師は亮次に対して、指示や助言など一切せず、「君のことが知りたいんだ。どんなふうに育ったのか、僕に聴かせてくれないかな」と穏やかな表情で彼に語りかけます。宮本さんは医師のことを「すごく何か気さくな人で。な〜んにも壁がなくて、ある意味拍子抜けするくらいの方で。ただただ聴いてくれる人で。それがうれしくて、通っちゃったんですよね」と笑顔で語ります。

不登校であれ、ひきこもりであれ、非行であれ、犯罪であれ、およそ問題行動を起こした人を支援するために必要なことは、その人を理解することです。なぜ不登校になったのか、なぜ非行をするようになったのか、その人といっしょに寄り添って考えてくれる人の存在が欠かせません。間違っている考え方を正したり自分の考えを教えたりすることもときには必要かもしれませんが、何より相手を理解することが大切なのです。

問題行動を起こすには、それに至ったプロセスがあり、原点があります。しかし本人一人ではなかなか原点には気づけません。支援者が「なぜ？」「いつからそう思うようになったの？」「そのとき何と言われたの？」「どう思った？」「しんどいことが続いたんだね」「つらかったんじゃない？」といった言葉を返しながら、共に原点を探っていくのです。その「共同作業」が支援そのものになります。自分のことを分かってくれようとする人がいて、その人の力を借りて抑圧していた自分の否定的感情を解放できたことで、亮次は立ち直っていったのです。

亮次は、仏像鑑賞の趣味から始まって、両親が駆け落ちして自分を産んでくれたこと、いじめられたこと、高校生になってから不登校、ひきこもりになり、そして自殺未遂まででしたことをすべて医師に話しました。心の奥底に封印していた感情を医師に受け止めてもらったことで、亮次は回復したのです。『宮本亜門のバタアシ人生』（宮本亜門他、世界文化社　２００８年）のなかで、宮本さんは「『人が認めてくれる』、『こんな僕でもいいんだ』という安堵感が、診察を受けている間にじわじわ体に広がっていったのです」と書いています。「ありのままの自分」を認めてくれる人が一人でもいたから、宮本さんの命は救われました。
最後の面接のときの医師と亮次の会話です。

医師「君の話は面白いよ。明日、学校に行って誰か友だちに話してあげなさい」
亮次「でも先生。僕は病気なんですよね」
医師「病気?……もし病気だったら、もう治ったと思わないか」
亮次「えっ⁉」
医師「宮本君。君、明日学校に行けるかな。どう思う?」

診察室を出た後、亮次は母親に「明日学校に行ってみるよ。お母さん、もう大丈夫。いろいろごめんね」と言って、素直な笑顔を浮かべます。もう「つくった笑顔」ではありません。

番組の最後に、インタビュアーが宮本さんに「幼少期の苦悩みたいなのは、それは今振り返ってどう思われますか」と質問します。すると宮本さんは「僕にとっては、最も大切な時期だったんですよ。勲章というよりも魂を育てる宝物みたいな……。それはそれは厳しかったしつらかったし、もう一歩間違えれば一遍に砕け散ってしまうような痛みを伴っていましたけど、今そこに戻れと言ってもちょっとつらいですね。だけど、あれがあったから僕は今、存在させてもらってるんですね」と言って、「その時期は僕にとっては必要だったんですね……」と感慨深く語りました。つらい過去があっても、それを外に出して癒されると、「宝物」になるのです。そして、つらい過去を宝物にできたから、宮本亜門さんは演出家として成功したのでしょう。

問題行動が出る前は皆「いい子」

本章の最初に、両親の不和によって、「いい子」になる道を無意識に選んだB子の例を紹介しました。無意識のうちに「いい子」になるパターンは他にもあります。たとえば、きょうだいが比較されるケースです。兄が優秀であると、弟も兄に負けないように「いい子」になろうとします。このとき弟は、「いい子」を装いながら、心のなかでは「ちくしょう！」とか「悔しい！」などと怒りを感じています。しかしどうしても兄に勝てなくて、親が「お兄ちゃんに比べて、お前はダメね」などと言うと、弟は「いい子」であることを止めて怒りを爆発させ、非行に走るかもしれません。そうすると兄は「優秀ないい子」で、弟は「非行に走った悪い子」というレッテルが貼られます。

ここで私が言いたいことは、非行に走った弟も、最初は「いい子」になろうと頑張っていたことです。いきなり非行に走る子どももはいません。原点は、「いい子」で頑張っていた姿を褒められず、兄と比較された悔しさや悲しみが弟の心に鬱積していたことです。そうした否定的感情が爆発して、非行に走らせたのです。

貧困によって、「いい子」になる例もあります。親が突然リストラされる時代です。

子どもは自分の家にお金がないことを分かっています。「○○を買ってほしい」とか「△△のゲーム機がほしい」と言えず、我慢するようになります。「いい子」であればあるほど、自分の欲求を抑えます。そうすると、どういうことが起こるでしょうか。友だちが持っている物を自分は持っていません。なので、友だちの会話の輪に入れません。「今度の日曜、遊びに行こうよ」と誘われても、お金がないので断ります。友だちは「何だよ！　付き合いが悪い奴だなあ」と言って、相手にしなくなります。そんなことが続くと、やがてはいじめに発展するかもしれません。しかし「親に迷惑をかけたくない」という思いが強いので、子どもはいじめに耐え続けることになります。いつ、何がきっかけで、子どもは知らず知らずのうちに「いい子」になってしまうのか分かりません。そうして我慢し続けて、最後は爆発してしまうのです。

　次に、親のしつけという側面から「いい子」の問題を考えます。

　しつけと言うと、非行少年や受刑者は、親からちゃんとしつけをされていないから、罪を犯すと思われるのではないでしょうか。確かに放任されて、しつけをされていない者もいます。しかし実際は逆の方が断然多いのです。親や養育者から「男だったら、しっかりしろ！」「弱音を吐くな！」「決めたことは最後までちゃんとやれ！」「人様に迷惑をかけるな！」「甘えるな！」「女はおしとやかにしろ！」といった厳しい言葉をかけられているのです。しかも暴力を伴う場合が大半です。口で言っても聞かない子には殴ってでも分からせようとするのです。虐待と紙一重かもしれませんが、見方を変えれば、非行少年や受刑者はしつけを受け過ぎていると言えるのです。

彼らも最初は親の厳しい「しつけ（虐待？）」に従おうとします。なぜなら、殴られたり叱られたりするのが嫌だからです。さらに言えば、しつけに従うことで親から褒められたい（＝愛されたい）と思います。子どもは常に親の愛情を求めます。だから最初は親の厳しい「しつけ」に必死で従う「いい子」になります。

この段階で、生まれる深刻な問題があります。「裏表のある人間」をつくることです。親の前では厳しい「しつけ」を守る「いい子」になりますが、親がいないところで「いい子」でいることのストレスを他者にぶつけるのです。学校で暴れる子どもに困った教師が親を呼び出して注意すると、親は「家では親の言うことをよく聞く『いい子』ですよ」と言って、逆に教師に不信感を持つパターンがこれです。このパターンで大きな事件を起こした受刑者の例をみてみましょう。

残酷な話をしながら笑う受刑者

「本当のことを言うと、被害者に対して悪いことをしたという意識がまったくないんです。刑務所にいると悪い話をいっぱい聞くし、シャバ（社会）に出たら、また同じことをしそうな気がするんです」

私の目の前に座っている30代後半の男性受刑者の口から飛び出した言葉です。場所は、刑務所内の小部屋です。受刑者の名前を仮に香川とします。香川は、同じ部屋にいる受刑者とのトラブルが悩みで、私の個人面接を希望しました。面接が始まって30分ほど経ってから、香川は自分の事件について話し始めました。

香川の罪名は傷害致死です。「殺意はなかった」とはいえ、一人の人の命を奪っています。刑期はおよそ12年。残す刑期は2年余りです。10年も刑務所に入っていながら、香川は「被害者に対して悪いことをしたという意識がまったくない」と言ったのです。

香川の話を聞けば、誰もが「10年も刑務所にいて、いったい何をしていたんだ！　少しは被害者の気持ちを考えろ！」とか「お前はまた同じことをするつもりか！」と叱責したくなるでしょう。その気持ちは至極当たり前です。

しかしここで香川を叱りつけたら、果たして彼は気持ちを入れ替えるでしょうか。叱責された途端、香川は「本当のことを言うんじゃなかった」と後悔し、すぐに「心のシャッター」を降ろして何もしゃべらなくなるでしょう。香川の言葉は、彼の「本音」です。本音を否定されたら、その瞬間から人は誰もが心を閉ざします。受刑者も例外ではありません。

それでは、いったいどうすればいいのでしょうか。方法は簡単です。彼が「被害者に対して悪いことをしたという意識がまったくない」と言うには、必ず「本人なりの理由（＝原点）」があります。したがって、まずはその理由を探っていくのです。私は「本当のことを言ってくれて、ありがとう」と本音を語ってくれたことに謝意を伝え、香川の過去に耳を傾けることにしました。すると、彼は事件を起こすまでの経過を話し始めたのです。

香川は高校受験に失敗して仕事に就きました。しかし人間関係が嫌になって仕事をしなくなり、暴走族に加入します。その頃から、暴走族仲間といっしょに恐喝をして金を手にするようになりました。やがて仲間内ではリーダー的存在となり、バイクの窃盗、無免許運転、シンナー遊びなどやりたい放題の生活をするようになります。初めて少年院に入ったのは10代後半で、少年院には2回入っています。非行をしては補導されることの繰り返しで、彼の「青春時代」の大半は施設生活でした。1回目の少年院では彼なりに「反省した」とは言うものの、社会に戻ると再び事件を起こし、2回目の入所になると「少年院生活に『慣れました』」と語りました。

少年院に入る年齢が過ぎると、次は刑務所となります。暴走族仲間と手を切ることができず、窃盗や暴行、恐喝を繰り返し、2回刑務所に収容されました。刑務所では、刑務作業を「まじめに」務めるだけで2回の服役を終えました。そして、香川はついに大きな事件を起こしたのです。

ある日、いつものように仲間と自動車を走行させているとき、先行するバイクが蛇行運転するのに気づいた香川は、自分に因縁《いんねん》をつけていると思い込み、バイクを執拗に追いかけて、運転していた被害者を捕まえて暴行を加えました。そして、瀕死の状態になった被害者を山に置き去りにして死亡させたのです。

自己防衛としての笑顔

事件のときの凄惨な話をしているとき、実は香川は笑っていました。残酷な事件の話をしているのに、なぜ香川は「笑った」のでしょうか。「こんな奴は人間じゃない！」

と考えたくなる気持ちは分かりますが、心理的には重大な意味があります。

まず、私たちの方に「思い込み」があります。悪い話をしているとき、人は神妙な面持ちをしたり悪びれた顔をしたりするという「刷り込み」です。そこで、表情だけを捉えて「笑うなんて、けしからん！」と怒ってしまうと、元《もと》の木阿弥《もくあみ》です。せっかく開き始めた香川の心を閉ざさせるだけです。香川が笑ったのは、これまで彼が生きてきたなかで無意識のうちに身に付けた「自己防衛」の方法なのです。要するに、自分が傷つかないためにつくった「癖」みたいなものです。

普通、人は、うれしいときに笑い、悲しいときには悲しんだり涙を流したりします。しかし自分の本当の感情（とくに否定的感情）と向き合うのが怖いとき、人は、その感情を押し殺すか、別の感情、すなわち「笑い」を出します。うれしいとき笑いますが、悲しかったり苦しかったりするときにも笑うのです。

大人になっても、悲しいときに悲しい感情を出さ（せ）ない人がいます。そのような人は、幼少期に悲しいときに悲しい感情を出さ（せ）なかった過去があると考えられます。悲しかったり苦しかったりしたときに笑う「癖」は、幼少期につらい体験をした子どもが、自分のつらい思いを受け止めてもらえなかったときに身に付けます。つまり、親が子どもの「傷ついた心」を受け止める存在ではなかったとき、子どもは素直な感情を出さ（せ）なくなり、偽の感情を出すことで本当の感情（否定的感情）を封じ込めます。

いじめを受けている子どもがいじめっ子集団からプロレスの技をかけられているときに笑うのは、もちろん楽しんでいるわけではありません。いじめの苦しみに耐えられなくて、笑うのです。それを見た教師は、「皆で仲良く遊んでいるんだな」と思い込み、いじめを見過ごすことになります。大人がいじめを見抜けなかったときの最悪の結果が、「いじめ自殺」です。「絞首台《こうしゅだい》の笑い」という言葉があります。死を目前にした死刑囚が、まさに首にロープをかけられようとする刹那《せつな》、恐怖のあまり笑うのです。恐怖に耐えられないときに出る笑いは、人間の防衛本能です。極端な例を挙げましたが、香川の「笑い」も心理的にはつながっています。

なぜ香川が笑う「癖」を身に付けるようになったのかは彼の過去のなかに答えがあります。私は質問を続けました。

私は「なるほど。悪いことをしたのに、なぜか悪いことをしたという気持ちが持てないんだね。ところで、そういう気持ちになったのはいつ頃から？」と彼に問いかけました。しばらく考えてから香川は、「小学校のとき、よく半端じゃないくらい友だちを殴っていました。そのときも悪いことをした、という記憶がないんです。先生に何度もしばかれました。『いつか、こいつ殺したる！』と心のなかで思っていました」と、ここでも笑いながら語りました。

さらに私は「ところで、その頃、何か嫌なことはなかった？　家ではどうだった？」と香川に質問しました。すると「実は子どもの頃、母親がアル中で、理由もなく毎日のようにに自分はしばかれていました。オヤジは居酒屋で働いていて、酒に酔って夜遅く帰ってくると、今度はオヤジのネチネチとした説教が始まるんです。それも何時間も。説教しながら、ずっと蹴られていました。そんなことが何年も続きました」と言いました。

「そんなことがあったの。母親に叩かれたうえ、その後は父親の長い説教と暴力……。そのとき、どんな気持ちだった？」と尋ねると、香川は「いつもボーッとしていました。ひたすら『いつ終わるのかなあ』と考えていましたよ」と再び笑いを浮かべました。

自分の感情をマヒさせていく過程

香川は、小学生のとき、アルコール依存症になった母親から叩かれ、酔っ払った父親からは執拗な説教と暴力を受けて育ちました。たとえ一回でも、理由もなく子どもがそのような体験をしたら、心はひどく傷つくものです。それが何年も続くのです。香川は、身体的虐待と心理的虐待の両方を長期間受けていたと言えるでしょう。最初の頃は香川も両親の「不適切な養育」に対して怒りを覚えたはずです。しかし幼少の子どもがその感情を出せば、力で勝る両親は更なる怒りの感情を香川にぶつけていたでしょう。香川が無力感に囚われていったことは容易に想像できます。

次第に香川は自分の感情（心の感覚）をマヒさせることになります。常に心の痛みを感じることは苦痛だからです。「ボーッとなる」のは、「心の痛み」を感じさせなくするための彼なりの「自分の身（心）」を守る方法だったのです。こうして香川の心の痛みは、長い時間をかけて、どんどん鈍感になっていきます。そして、彼は笑うことを身に付けました。彼の「笑い」は、苦しみを感じないようにするためにつくり出した「偽の感情（＝癖）」になっていたと考えられます。笑いながら暴力を振るう姿は、周囲からはただ残酷な人間にしか映らなかったでしょう。

自分の心の痛みに鈍感になると、他者の心の痛みも分からなくなります。香川が小学校時代に「半端じゃないくらい他児を殴っていた」のは、抑圧していた怒りの感情が噴き出したと考えられます。小学生のときの香川の暴力は、容認されることではありませんが、心のなかにたまったストレスを発散させていたのです。香川の暴力に対して、教師も力で対抗せざるを得ません。こうして「力に対して、力で対抗する」という、犯罪者が強く持っている価値観がどんどん刷り込まれていきます。

家で両親から不適切な養育を受ける→親に対する怒りを抑圧する→ストレスがたまって学校で他児に暴力を振るう→教師から暴力で叱られる→教師（＝大人）に対する憎悪が生まれる＋家に帰ると両親から虐待を受ける→抑圧する（ボーッとなることで壊れそうになる自分の心を守る）→学校で暴れる→また叱られる。こうした悪循環が香川から「自分も他者も大切にする心」を奪っていったのです。

もし、両親のどちらかが香川の心を受け止める人であったら。

もし、教師が香川の暴力の意味を分かる人であったら。少なくとも、彼の心の痛みに耳を傾けていたら。

もし、幼少期に香川の傷ついた心を癒す誰か（たとえば、カウンセラーや周囲の大人）がいたら。

一人でもかまいません。幼少期に香川の問題の「根」に「栄養（＝愛情）」を与えてくれる人と出会っていたら、もしかしたら香川は暴走族に入らなかったかもしれません。そうすると、香川の今回の事件も起きなかったのかもしれません。

もちろん私は、幼少期の不遇な環境を理由にして、香川が起こした事件を免罪するつもりはまったくありません。香川の事件はけっして許されないものです。言いたいのは、香川の問題の「根」は深いということです。そして、その根は深く傷ついています。キツい言い方をすれば、香川の心の根っこの部分は、人の痛みを感じないくらい「腐っている」のです。したがって、香川が更生するためには、腐ってしまった根に「栄養」を与えないといけないのです。罰は栄養にはなりません。さらに根を腐らせるだけです。

香川が更生するためには、彼が幼少期に感じていたはずの悲しみやつらさといった否定的感情を彼自身が「感じること」から始めないといけません。悲しいときには悲しい気持ちになるのです。つらいときにはつらい思いを感じるのです。自分の感情を素直に感じ、表現できるようになること。「そんなことは簡単ではないか」と言われそうですが、香川のような受刑者にはそれができないのです。

香川にとって、幼少期に感じていたはずの苦しみと向き合うことは、ものすごい苦痛を伴います。なぜなら、長い時間をかけて感情をマヒさせる方法を身に付けたからです。

被害者に対して謝罪の言葉を千回言うことよりも、幼少期の自分に戻って「つらかった！」と本当の感情を一言でも吐露する方が香川には苦しいのです。生ぬるいやり方ではないかと思われる方がいるかもしれませんが、実はこの方が相当にキツいのです。しかし、ここを越えなければ、香川は自分の心の痛みに気づけません。必然的に、被害者の心の痛みも実感として分かりません。感情を素直に言えるようにならないと、香川の立ち直りは厳しいと言わざるを得ません。

一度罪を犯すと更生は容易ではない？

香川は2回少年院に入っています。しかし、そこでは更生できませんでした。刑務所と違って、少年院は非行少年を「教育する場」と位置づけています。香川が例外なのでしょうか、それとも少年院における教育がうまくいっていないのでしょうか。この点を、まず数字から検討してみます。

平成25年度版の犯罪白書によると、一般刑法犯の再非行少年率は１９９７（平成９）年を底として翌年から毎年上昇し続け、２０１２（平成24）年は33・９％に達しています。犯罪を繰り返す少年は、３人に１人と非常に高い割合です。

次に、少年院に入った少年が、再び事件を起こして再入院する数字をみてみましょう。過去5年以内に少年院に再入院した者の比率は14・5〜16・4％（男子15・5〜17・3％、女子7・0〜9・2％）です。男子でみると、6人に1人が再入院していることになります。後に述べる結果（時間が経過すると、再犯率が高くなる。そして非行少年が成人になって事件を起こすと、刑務所に入る）を考えると、この割合はけっして低いとは言えません。

一方、成人に目を向けると、再犯者率は、少年と同様、1997（平成9）年から上昇し続け、2012（平成24）年は45・3％です。罪を犯して再び刑務所に収容された者は、過去5年以内では39・8％（満期釈放者50・8％、仮釈放者28・9％）です。実に4割の者が刑務所に舞い戻っています。過去10年以内となると49・5％（満期釈放者61・0％、仮釈放者40・4％）に達しています。約半数と驚くべき数字です。

なお、満期釈放者の方の割合が高くなっているのには理由があります。満期釈放者は、仮釈放が認められなかった者です。なぜ仮釈放が認められなかったかと言うと、引受人がいないなど「仮釈放のための条件」を満たさなかったか、刑務所内で何度も問題を起こして懲罰を受けたため許可が下りなかったからです。簡単に言えば、満期釈放者は何らかの問題のあった受刑者なので、出所後の再犯率も高くなるのです。

ところで、平成23年度版の犯罪白書をみると、興味深いデータがありました。「少年・若年犯罪者の実態と再犯防止」という特集です。以下、このデータから少年ならびに若い受刑者の再犯の実態をみてみます。まず、１９９６（平成８）年から２０１０年までで、少年院を出院した年を含む５年間のうちに刑務所に入所した者の比率をみると、男子９・３～13・５％、女子１・５～３・３％とあり、２００６（平成18）年に出院した者では、５年内入所率は９・２％となっています。二つを比べると、ほとんど変わりありません。しかし出院後５年以降に刑務所に入所した者を累積すると、１９９６（平成８）年出院者で25・１％となっています。少年院を出て５年以内なら約10人に１人ですが、５年を過ぎると約４人に１人が再び犯罪に手を染めて刑務所に入所しているということです。少年院を出院してから時間が経過すると、犯罪から遠のくと考えたいところですが、実際は逆で、再犯率が高くなっています。

さらに若年出所受刑者の刑務所の再入所の状況をみると、出所年を含む５年間に刑務所に再入所した者の比率は、男子34・６～45・９％、女子21・８～33・１％ですが、近年は低下傾向にあり、２００６（平成18）年出所者の５年内再入所率は34・０％です。

しかし、1996（平成8年）出所者の累積再入所率は55・1％にのぼり、出所後14年まで広げると、実に半数以上が再入所したことになります。ここでも、5年を過ぎると、再犯率が格段に高くなり、半数以上が刑務所に舞い戻っていることが分かります。

また、この白書では、少年院出院者の追跡調査（少年院出院後、刑務所に入所した率）も行っています。それによると、調査対象者644人のうち児童自立支援施設入所歴のある者は21人で、そのなかで実刑を受けたものが38・1％と高い数字となっています。少年院に2回以上入った経験のある者は159人で、そのなかで実刑を受けた者が27・7％、1回入った者は257人で実刑14・4％となっています。ここから分かることは、施設入所が低年齢の者ほど（また、少年院の入院歴が1回よりは2回の者ほど）問題は深刻で、成人になってから事件を起こして刑務所に入所する割合が高くなることです。

以上のデータを簡潔にまとめると、低年齢であればあるほど、そして少年院の入院や刑務所の入所の回数が多くなればなるほど、長期的なスパン（具体的には、施設を出て5年以上経過）でみると、再犯して再び刑務所（少年院出身者は「初入」になります）に入る率が高くなっています。少年のときに一度犯罪に手を染めると、犯罪から抜け出すことは容易ではないことが分かります。

香川のケースに戻ると、2回も少年院に入り、30代後半にして今回の刑務所が3回目ということを考えると、香川は「最悪のコース」を辿っていることになります。もちろん本人や周囲の環境の問題もありますが、香川にとって少年院での教育では立ち直れなかったと言えるかもしれません。そうであれば、少年院ではどのような教育が行われているのか疑問が浮かびます。その実態の一端を次章で示しますが、少年院教育の現状に私たちは驚くことになります。

第2章　少年院に入ると、さらに悪くなる

少年院では「私語禁止」

少年院に勤めている法務教官や刑務所で働いている刑務官ら十数名が自主的に集まった、ある日の勉強会でのことです。勉強会では、非行少年との関わり方や刑務所での教育など、日々の教育実践や具体的な事例検討から日頃の悩みに至るまで、現場で起きるさまざまな問題を話題にして、皆で勉強しています。その日は、ある30代の若手の男性の法務教官が、自身の所属する少年院で行った教育内容を報告していました。報告の途中、彼は次の言葉を口にしました。

「少年院では私語が禁止されていますから……」

この言葉を聞いた瞬間、私は「えっ⁉　どういうこと？」と疑問が浮かび、その後の彼の報告は上の空になりました。

「私語が禁止」の言葉にずっと引っ掛かったまま、私は質問したい気持ちを抑えて彼の報告が終わるのを待ちました。報告が終了して彼が「以上が当院で行った教育内容ですが、何か質問はありますか」と言うやいなや、私は「本題とは外れますが、少年院では私語が禁止されているのですか」と質問しました。すると彼は「そうです。どこの少年院でも私語禁止ですよ」と怪訝《けげん》な表情を浮かべました。
さらに私は「寮の生活でもそうですか。まさか24時間私語禁止というわけではないですよね」と突っ込みました。返ってきた答えは、私の疑問を完全に否定するものでした。間髪を容《い》れず、彼は「基本的に、24時間私語禁止ですよ。おかしいですか？」と逆に私に質問してきました。彼にとって「少年院では私語禁止」は「疑う余地のない『当たり前の規則』」になっていることが分かりました。

少年院と刑務所の違い

「私語禁止」という規則が持つ意味を考えるために、少年院と刑務所の違いを簡単に説明します。少年院も刑務所も収容者に更生を促す施設であることは一致していますが、中身はまったく違います。基本的に、前者は少年に「教育」を行う場であり、後者は

「刑罰」を与える場となります。したがって、少年院では、生活指導（面接、作文、日記などを活用して少年の抱える問題の解決を図る）、職業訓練（溶接、木工、建設機械運転、農業など出院後に仕事に就けるように資格や免許を取らせる）、教科教育（学校で行う学習とほぼ同じ）といった教育が実施されます。日常生活も大きく異なり、基本的に少年院は寮生活（正式には「学寮」と言います）です。その際、法務教官が寮長（「寮担任」と言います）になります。他方、刑務所は、刑務作業が中心です。悪いことをした罰として、刑務作業をさせるのです。刑務作業が終われば、通常、数人が入れる共同室（以前は「雑居房」）に戻ります。

ところで、なぜ少年院では寮生活を取り入れているのでしょうか。不遇な家庭環境に置かれていた少年たちばかりなので、家庭的な雰囲気で生活させてあげようと考えた、と言いたいところですが、そうではありません。齋藤裕司によると、少年院で寮生活が始まったのは昭和30年代後半からです（「学寮の教育力を活かした指導」『矯正教育の方法と展開――現場からの実践理論』矯正協会　2006年）。更生を効果的に行うには、「個への直接的な働きかけのみならず、集団を通した、あるいは集団の力を活用した働きかけが不可欠」とあります。理念的な表現なので分かりにくいですが、簡単に言えば、個別的な指導だけでなく、集団生活を送るなかでの教育効果を狙っているのでしょう。

ちなみに、少年が重大犯罪を起こし刑事処分となれば、「少年刑務所」に収容されます。言い添えると、少年院に収容される者は「非行少年」で、刑務所に収容される者は「受刑者」です。したがって、少年刑務所に入る少年は受刑者です。

少年院での私語禁止の規則がどういう意味を持つのかは、刑務所と比べるとはっきり分かります。すなわち、寮生活と共同室の違いです。繰り返しになりますが、刑務所では、刑務作業をすることが罰となるので、作業が終われば受刑者は共同室に戻り、通常食事の時間まで自由な時間が与えられます。当然、受刑者は雑談をします。受刑者は刑務作業をすることで、社会的な制裁としての「罪の償い」をしていることになるので、刑務作業以外は、自由にしていい時間があるのです。刑務作業をする日は、カレンダー通りです。土日と祝日は刑務作業も休みとなり、受刑者には休日が与えられます。

一方、少年院には、土日も自由になる時間はありません。すべての時間が教育に充てられるので、いかなる場合でも自由に雑談することは許されません。原則的に少年院で少年が発言していいときは、法務教官のいる前だけです。私語禁止の徹底ぶりについて、広田照幸らは「単なる努力目標ではない」と前置きして、「場面場面において『何が許され、何が許されない』かは厳しく決まっており、少年に許される自由度は極めて低い。またこの原則は、食事やテレビ視聴といった寮での日常生活の場面でも適用され、時間と空間を共有して同じ活動をしていても互いに会話は交わさない」（『現代日本の少年院教育』名古屋大学出版会　２０１２年）と述べています。
教官の許可がなければ、少年たちは一日中、誰とも会話をしてはいけないのです。清掃などの共同作業を行ううえでの必要な会話も、その都度教官の許可を得てから行わなければなりません。食事中も寮に戻って休んでいる時間も少年たちは黙っているのです。少年たちが集団で集まっても、一言も話さない光景を想像すると、私はものすごい違和感を覚えます。

私語を許すと「悪の情報交換」が……

ならば、少年院ではなぜ私語が禁止されるのかという疑問が浮かびます。理由は、刑務所の実情をみれば分かります。共同室で受刑者たちは「悪い話」をしているからです。悪い話とは、自分の犯罪の自慢話（「自分は昔、人を殺したことがある」とか「俺は喧嘩で一度も負けたことがない」など）、犯罪の手口の「情報交換」、刑務官に対するグチや他の受刑者の悪口などです。驚くことに、刑務所内で「兄弟の杯を交わす」こともあります。出所したら、いっしょに犯罪をしようと約束する受刑者も少なくありません。しかし刑務官は受刑者同士の「悪い話」を止めることができません。なぜなら、受刑者は刑務作業という罰を受けているので、自由になる時間まで奪うわけにはいかないからです。

少年院が最も恐れるのはここなのです。少年たちに自由に話をさせると、「犯罪の文化」に染まり、「出院後にいっしょに悪い事をしよう」などと約束するのを防ぎたいのです。

もう一つの理由は、グループ内で力関係が生まれることです。誰かがボス的な存在になって、それに従う者がいるという「タテの関係」が形成されるのを防ぎたいのです。部屋内で上下関係が生まれると、施設とまったく関係ない、部屋ごとの「勝手な規則」がつくられます。そうなると、いじめの温床にもなり、秩序が保てなくなります。

現在の寮生活における指導について、齋藤は「寮担任は、崩れた集団を建て直すことがいかにエネルギーを要するかを経験から痛いほど知っているので、健全な集団を維持するために、わずかな兆候も見逃さず、常に先手先手の対応を取ることを心掛けている」（前出「学寮の教育力を活かした指導」）と述べています。「わずかな兆候も見逃さず、常に先手先手の対応を取る」ということは、少年たちが何か変なことをしないように、教官は常に彼らを「監視」しているということです。少年の立場からすると、彼らは常に教官から見張られているという意識を持つことになります。こうして「健全な集団」を維持するための方法として、私語禁止は「打って付けの規則」となったのでしょう。

結局、少年院も、刑務所と同様、管理と秩序維持が最優先されることになります。「教育」と「刑罰」の違いがあるものの、少年院では自由になる時間がない分だけ、日常生活では少年院にいる少年たちの方が息苦しい生活を強いられると言えるかもしれません。少年たちは、そうした生活を何ヶ月も、長い者になると2年以上も続けることになります。社会では「あり得ない規則」が少年たちにどのような心理的問題をもたらすのかは、よく考えないといけません。

私語禁止という規則がもたらす心理的問題

私語禁止という規則が少年たちの心にもたらす問題を考えるために、普通の学校現場と比較してみます。学校では、授業の後には必ず休み時間があります。そのとき友だちと雑談したりふざけ合ったりしてリラックスできるから、次の授業に臨めるのです。要するに、緊張した時間をちゃんと過ごすには、「自分を解放できる時間と場」が必要なのです。

人は誰もが「自分を解放できる時間と場」があるから、落ち着いた気持ちになれます。非行少年も例外ではありません。しかし許可なく話をすれば規則違反となって、少年院を出る期間が、原則1ヶ月延びることになります。少年の立場に立てば、一日でも早く少年院から出たいので、規則を守ることが当たり前になります。こうして少年たちは自分の気持ちを解放しなくなります。私語禁止による一つ目の心理的問題は「抑圧」です。

私たちの日常生活を振り返ってみてください。学校での勉強や会社での仕事が終わったとき、友だち同士で「今日は疲れた〜」などと話したり、「今日はこれから何して遊ぶ?」と放課後の予定を立てたりしないでしょうか。会社の同僚だったら「今日も忙しかったな〜」「取引先の相手は嫌な感じだったな」と気持ちを解放したり、「腹が減ったな。ちょっと一杯、付き合わないか」と仲間と仕事の疲れを癒したりするものです。家に帰れば、子どもは親に、親はパートナーに、今日あった出来事を話すことができます。

嫌なことがあれば、誰かに話を聴いてもらうことで気持ちがラクになります。このように自分の気持ちを解放できる「時間」と「場」があるから、明日も頑張る気持ちになれるのです。しかし少年院では、この「当たり前の日常」が奪われています。

さらに怖いことに、この非日常的な生活が「当たり前」と少年たちが疑わなくなっていることです。心理学で、これを馴化《じゅんか》と言います。簡単に言うと、今の状況に慣れ切ってしまうことです。これによって少年たちはコミュニケーション能力を失います。

罪を犯した者が再び犯罪に手を染めないためには、人とのつながりが欠かせません。しんどいときやつらいときに、グチをこぼせる人間関係が必要です。グチを言うことによって、ストレスを発散できるのです。暴力や薬物などではなく、ストレスを適切な形で発散できることが、犯罪の抑止力の一つです。非行少年にかぎらず、もともと今の子どもたちは同年齢の友人関係のつくり方が苦手なのです。しかしこの規則があるかぎり、教官の指導によるフォーマルな授業などで関係づくりを学ぶしかなく、自然な形での友人関係のつくり方は身に付きません。

付け加えれば、本章の冒頭にも記したように、法務教官も私語禁止の規則に馴化しています。非日常的な人間の行動が、少年院では「正常なルール」になっているのです。

社会ではあり得ない「生活スタイル」が日常的になっている状態は異常です。

他方、私語禁止にすると、「お互いに干渉しなくてすむからラクだ」と考える少年もいます。確かにそのときはラクかもしれませんが、出院後にすべて自分にツケが回ってきます。「私語禁止が当たり前」になっていた少年が、社会に出てからうまく人と付き合えるはずがありません。少年たちは常に法務教官の指示に従います。人の指示がないと自分から行動しなくなります。そうすると、社会に出てから自分の気持ちを素直に表現できなくなります。その意味では、彼らは自主性も奪われているのです。

結局、少年たちは、非行をしないような新しい人間関係をつくることができません。そうなると、非行をしていた頃の悪い人間関係に戻ります。行動パターンも少年院に入院する前と変わりません。彼らは、強がったり弱みを見せないようにしたりして、自分に無理をしてストレスをため込んでいきます。そして、最後に爆発するのです。

私語禁止という規則に対して、誰も疑問の声を上げなかったわけではありません。日本弁護士連合会が問題提議をしました。以下に、私語禁止に関する意見書を抜粋します（日本弁護士連合会「少年矯正の在り方に関する意見書」　２０１０年）。

そもそも他者との会話は、各人の人間性に根ざす、根元的、本能的な欲求であり、個人の尊厳にかかわるものであるから、厳格に合理的な理由がない限り、これを一律に制限することは許されるべきではない。もちろん、授業時間、就寝時間等、集団生活上のルールとして私語が禁止されるべき時間もあるであろう。しかし、食事時間や自由時間に自由な会話をすることは、社会生活上のルールを学ぶ上でも、むしろ必要なことである。なぜなら、日常の会話をしながら、その中で相手を怒らせたり、傷つけたりするという人間関係構築の上で不可避のトラブルを経験し、さらに、それを合法的に解決する方法を身につけることも、立派な訓練となる。とりわけ、少年院の少年が社会生活上のトラブルを抱えやすいことからすれば、そのような訓練は、重要なことの一つとなるはずである。

こうした意見書が出ることで、少しでも状況は改善されることが期待されましたが、ある事件が連続して起きたことをきっかけに、事態は悪化の方向に向かいました。

「脱走頻発」で厳格化

刑務所と違って、少年院には高い塀などなく、とても開放的な環境にあります。これまで私は多くの少年院を見学しましたが、「普通の学校」と何ら変わらない少年院が少なくありませんでした。とりわけ驚いたのは、2005年の秋頃、大学のゼミ生を引率して、熊本県南部の人吉市にある人吉農芸学院を訪れたときです。「これが本当に少年院なのか⁉」と見間違えるような施設でした。建設機械運転資格訓練に力を入れている人吉農芸学院は、市街地から少し離れた場所にあります。細い道を少し歩くと、いくつもの小さな建物が点在しているのが見えてきます。普通の学校にあるフェンスさえ見当たりません。豊かな大自然に囲まれた開放的な環境が目の前にありました。

その少年院で、2006年4月に脱走事件が起きました。寮から数十メートル離れた入浴場に向かう途中、3人の少年が教官の制止を振り切って脱走したのです。幸い、2人の少年は脱走した日に身柄を確保され、残りの1名も4日後に確保されました。「あの大自然のなかで教育を受けられる少年たちはとても恵まれている」と思っていた私にとって、ショックな事件でした。

問題行動は連鎖して起こるものなのか、その後も少年による脱走事件は連続して起きました。２００６年12月には盛岡少年院に収容されていた16歳の少年が、２０１１年８月には大阪府茨木市にある浪速少年院で、18歳の少年が窓の鉄格子を切断して脱走しました。翌２０１２年３月には四国にある松山学園で、１階にある図書室の窓から15歳の少年が脱走しました。

相次いで起きる少年院の脱走事件に対して、国が動き出さないわけがありません。２０１２年５月に法務省は、初の職務規定を作成し、少年院を刑務所並みに厳格化することに決めました（２０１２年５月29日付産経新聞夕刊）。職務規定は18項目に及び、そのなかには私語に関するものも盛り込まれていました。「無用な私語を制止し、不必要なものを持たせない」という文言です。この規定が設けられたことによって、他の規則はもちろんのこと、「私語禁止」の規則はさらに徹底されるのは容易に想像できます。数人の少年たちが犯した脱走事件によって、大多数の少年たちは、ますます抑圧的な環境のなかで生活することを強いられるのです。

以上、私語禁止という規則という点から、少年院の様子を記してきました。個々の少年院によってそれぞれ特色があるので、一概には言えませんが、抑圧的な環境にあることでは共通しています。私語禁止の徹底も問題ですが、私が最も問題視しているのは、実は少年院における矯正教育そのものなのです。

非行少年の作文に表れた「問題」

私たちは、少年院や刑務所ではどのような教育が行われているか、ほとんど知らされていません。わずかに法務省所管の公益財団法人矯正協会が発行する図書、学会誌と雑誌（『刑政』という月刊の学術雑誌です）などで、矯正教育の現状を知ることができます。ただ、これらの書物は一般の書店に並ぶことはありません。しかし直接矯正協会に注文すれば、誰でも手に入れることができます。図書のなかには、非行少年や受刑者が書いた作文集や詩集などがあります。目的は、彼らが更生している姿を伝えることにあります。

私は作文集や詩集をいくつか持っていますが、非行少年や受刑者が書いた内容にいつも疑問を感じています。彼らが書いた作文や詩集を読むと、多くははっきり言って、「これで、本当に更生しているの?」「いったいどんな教育しているのか」と思わずにはいられないのです。そこで、本書のテーマが幼少期の問題に焦点を当てているので、それに即した作文を紹介し、そこから読み取れる問題点と「私なりの仮説」を記します。

取り上げた作文集は、法務省矯正局教育課が編集した『立ち直りつつある少年たち――少年院で学ぶ若者たちの手記（第3集）』（矯正協会　1992年）です。古い本ですが、少年院における矯正教育の基本的な考え方は今も昔も変わらないので（むしろ今の方が厳格化しています）、そのなかの一つを選びました。なお、原文には少年院の名前がそのまま記されていますが、本書では省略します。
作文のタイトルは、少年（男子）が書いた「なぜ非行に走ったか……」です。通常、作文や詩の後に「教官のコメント」が付けられていて、それも付記します。本のタイトル通り、果たしてこの少年は更生しつつあるのか、もし更生が難しいと感じられたら、文章のなかのどこに、どのような問題があるのか、考えてみてください。

「なぜ非行に走ったか……」　　　　　　　　　　〇〇少年院　男　子
以前の自分をふりかえって、なぜ自分が非行に走ったのか、今まで何度も人に聞かれて考えたのですが、結局、答えが見つかりませんでした。／周りの人はよく家庭環境のせいだとか、学校の先生のせいだとか、友人のせいだとか言うのですが、たしかに他の人に比べて、家庭環境にしても、友人にしても恵まれていたとは言えないまでも、それが自分の非行につながったのだとは思っていません。／まず、自分の性格は、自己中心的で気が短く、何よりも人より目立つことがしたくて、何時も人の目をひいていたいというものです。／中学に入学してからは、勉強などする気になれず、スポーツも苦手でしたが、それでも何かで目立っていたくて、まず服装や髪形が乱れはじめました。そのうち人から不良と言われるようになると、意地を張ってしまい、そんな自分の立場を分かっていても素直にはなれず、三年になってからは、もうほとんど学校へも行かず、夜は仲間とタバコや酒やシンナーなどで現実から逃げていました。／そんな生活が続くと、毎日が不安でイライラしてしまい、自分の意見が通らなければ、物事を暴力で解決しようとするようになり、親や友人、又は学校の先生などにも暴力を振るってしまいました。／私の家庭は、両親と妹と祖母と私の五人家族で、父は自動車整備工場を経営していたのですが、仕事があまり良い方に進まず、私が中学二年の時に一度倒産してしまいました。周囲の援助で何とかもう一度仕事を続けていたのですが、借金を返すだけで、収入はなく、私たち家族の生活は、母の給料でまかなわれていたのです。／そんな父や母の気持ちは、自分でもよく分かっていたのですが、なぜか父や母の前では素直になれず、無理を言ったり、つっぱったところを見せていたのです。しかし、父も母も私を甘やかしたわけではなく、私が反抗し、暴力を振るうと分かっていても、悪いことは悪いと言ってくれました。／幼いころは、私が悪いことをするとよく父に殴られて、そんな父がとてもこわく感じたのですが、今は弱々しく、それでも私たちのために一生懸命働いてくれている父や母の姿を見ていると、今まで自分のしてきたことが本当に恥ずかしくなり、そんな父や母のために少しでも力になってあげたいと思います。／今、再出発の決意としてはっきり言えることは、こんな私でも思っていてくれている家族のために、もう二度と心配をかけることはしない、もう絶対迷惑はかけないということです。

［教官のコメント］
傷害。初入（注：初めて少年院に入ったこと）。友人の喧嘩に加勢して暴行を加えたもの。家庭内に葛藤はないが、両親とも仕事を持ち、少年は放任気味であったため、指導力は弱い。自己顕示性が強く、力関係に敏感で、強者に迎合する行動に出やすい。また、感情統制が不良でかっとなりやすいことから、平等に人と付き合う態度と思いやりを育て、感情統制力と規律ある生活態度を身に付けさせること等を中心に指導を進めている。

非行に走った本当の理由

結論から先に書きます。この少年はまったく自分の内面と向き合っていません。それどころか、再犯の可能性さえ文章から読み取れます。「教官のコメント」も「きちっとした言葉」で書いてありますが、少年の内面を洞察した内容とは思えません。したがって、あくまでも作文だけで判断すれば、この少年の更生は難しいと言わざるを得ません。

その理由を記していきます。

まず作文の冒頭に注目してください。「なぜ自分が非行に走ったのか」、少年はその理由を考えていますが、「結局、答えが見つかりませんでした」とあります。さらに、「家庭環境にしても、友人にしても恵まれていたとは言えないまでも、それが自分の非行につながったのだとは思っていません」と断言しています。そして、最後まで理由は明らかにできていません。これではタイトルと作文の内容が合致しません。むしろタイトルは「私は非行に走った理由が分かりません」とすべきです。しかしながら、少年が非行に走った理由は、ちゃんと作文のなかに記されています。幼少期の家庭環境です。そこに非行の原点があります。

ここからは、実際にこの少年と話したわけではないので、作文から読み取った「私なりの仮説」になります。仮説なので、当然誤った解釈をしている点があると思います。しかし、まずは仮説を考えながら少年が書いたものを読んでいかないと、少年の理解は深まりません。仮説を立てた後、実際に少年本人と面接しながら、誤って解釈していた点を修正していけばいいのです。仮説も立てず、ただ漫然と少年の話を聴くだけでは、言い方は悪いですが、単なる雑談になってしまいます。最初は間違っていてもかまわないので、少年が書いた文章から本人の心理を読み解きます。そうして少年の文章と向き合うことで、支援者の力量も高まり、深い面接ができるのです。

少年の文章に戻ります。彼の家族は「五人家族」で、父親は自営業をしていますが、結局「中学二年の時に一度倒産」しています。その後も父親は仕事を続けますがうまくいかず、生活は「母の給料でまかなわれていた」とあります。ここから読み取れることがいくつかあります。まず父親はものすごく多忙であったことです。倒産までしていますから、必死の思いで仕事をし、不眠不休で、毎日イライラしていたことでしょう。「母の給料でまかなわれていた」ことから母親も忙しかったはずです。両親とも多忙であれば、子どもたちの世話を十分にできなかった（＝彼はかまってもらえなかった）ことは容易に想像できます。当然、彼は親の愛情に飢えていたことでしょう。

しかし彼はこう書いています。「そんな父や母の気持ちは、自分でもよく分かっていた」と。家が忙しいことは本人も分かっていたので、自分から甘えることなどできません。「なぜか父や母の前では素直になれず」と書いてありますが、このような経済的に苦しい家庭環境にあって、自分の欲求を素直に言える子どもはいません。少年は自分の思いを押し殺して「いい子」でいた可能性があります。少年は強いストレスを抱えていたでしょう。

また、自営業をしていた父親が母親の給料に頼ることになるのですから、父親の「男としてのプライド」はズタズタになっていたかもしれません。自分がみじめに思えて、気持ちは荒《すさ》んでいたのではないかと想像できます。そうすると、夫婦仲も良くなかったかもしれません。

決定的なことは、「幼いころは、私が悪いことをするとよく父に殴られて、そんな父がとてもこわく感じた」の一文です。少年がどんな「悪いこと」をしたのか分かりませんが、寂しさやストレスが引き金になっていたのは間違いありません。暴力を振るわれていたことを考えると、彼は父親に殴られないように、いつもビクビクして父親の顔色をうかがっていたでしょう。「他者の目を気にする」という非行少年や受刑者に共通してみられる性格は、彼の場合、ここが原点となります。

幼少の頃の彼は、本当は「もっと僕のことをかまってほしい！」「寂しくてたまらない！」「僕を殴る父親は大嫌いだ！　僕を殴らないでくれ！」などと叫びたかったでしょう。少年が向き合わないといけないことは、自分のことをかまってくれなかった寂しさや、父親から受けた暴力に対する怒りです。そうした否定的感情のはけ口が、非行に走ったきっかけと考えられます。もちろん両親は少年に対してけっして愛情がなかったわけではないでしょう。しかし不幸にして、家庭が厳しい経済的困窮の状況に陥ったため、彼は両親から「大切にされている実感」が持てなかったのです。

このように、少年の文面をみればいろいろな仮説が立てられるにもかかわらず、「教官のコメント」を読むと、正直に言って愕然《がくぜん》となります。なぜ「家庭内に葛藤はない」と言い切れるのでしょうか。また彼の不遇な家庭環境を「放任気味」の一語で説明していいでしょうか。この作文を元にして、教官が少年に過去を振り返らせれば、彼は何か気づきを得たでしょう。少なくとも「非行に走った原点」は理解させないといけません。そう考えると、私は残念でなりません。

「目立ちたくなる心理」の背景にある愛情飢餓

少年は「何よりも人より目立つことがしたくて、何時も人の目をひいていた」や「何かで目立っていたくて」と書いているように、「目立ちたくなる心理」が強くあるのが分かります。

この心理は、この少年にかぎらず、大半の非行少年や受刑者に共通するものです。親に「愛された実感」に乏しいので、その代わりとして他者から評価を得たい（＝愛されたい）のです。一言で言えば、強い承認欲求です。その方法は、「男らしさ」を強調する形で、自分を認めてもらうことになります。

しかし本当は親に愛されたかったのです。他者は、あくまでも「代償」にすぎません。いくら代償で満たそうとしても、「本当に求めているもの（＝親の愛情）」ではないので、どうしても満たされた気持ちが持てません。それゆえに、他者である代償に対して「もっと認めてもらいたい、もっと男らしくてカッコいいと思われたい」という思いが強くなります。この少年も「服装や髪形が乱れはじめ」るという形で、注目を浴びようとしています。違反行為は、教師からみれば処罰の対象ですが、他者に「教師の力に屈しない姿」をアピールすることになります。非行仲間にとっては彼の姿が「カッコいい」となり、彼はさらに他者の評価を受けていると感じられるでしょう。「教官のコメント」には「自己顕示性が強く」とありますが、これでは言葉足らずです。自己顕示性の背景には、少年の「強い愛情飢餓」があることを見抜かないといけません。

少年は「なぜか父や母の前では素直になれず、無理を言ったり、つっぱったところを見せていた」と書いています。これは、素直に親に愛してほしいという気持ちが言えなくなっているがゆえの、「屈折した愛情表現」です。素直に自分の欲求を言えなくなった原点は、幼少期にあることはすでに述べました。人は、素直に愛してほしいと言えなくなると、すねたり、ひねくれたり、無視したりするといった態度を取ります。したがって、少年が更生するためには、素直に自分の気持ちを言えるようになることです。

非行少年や受刑者は「ひとりぼっち」になることを最も恐れます。孤独になることが恐怖感になるのです。「俺は誰にも愛されていないんだ！」という強烈な恐怖感が心の奥底にあります。幼ければ幼いときほど、この恐怖感を持ったことのある人は、トラウマ体験を受けた人と同じ状態になります。こうした感情を持ったまま成長していくと、ちょっと誰かが視線を外したり無視されたように感じたりすると、恐怖感に「スイッチ」が入ります。「俺のことを無視しやがって！」「また俺は一人になるのか！」といった恐怖感が「怒り」へと変わり、事件を起こす引き金になるのです。

タバコやシンナーは「必要」だった

中学三年になると、少年は「ほとんど学校へも行かず、夜は仲間とタバコや酒やシンナーなどで現実から逃げていました」と書いています。「現実から逃げる」という表現は、非行少年や受刑者からよく聞く言葉です。しかし「現実から逃げる」という考え方は、違う捉え方ができます。
まず、このときの少年の心理状態を確認しましょう。少年は「人から不良と言われるようになると、意地を張ってしまい、そんな自分の立場を分かっていても素直にはなれず」と書いています。この文章から、彼は自分が不良と言われることを「内心では嫌だった」と感じていることがうかがわれます。「素直になれ」なかったのは、一度服装や髪形の乱れで目立つ（＝不良的な態度で承認される）と、素直になることは彼にとって「カッコ悪い」ことになり、他者が自分から離れていくと感じることになります。「意地を張って」いるのは、人が離れていく恐怖感があるからです。

少年は「いい子」でいた可能性があると書きました。そうであれば、彼は、「いい子」で頑張って認められたかった気持ちを持っていただけに、「人から不良と言われる自分自身」のことを内心では嫌っていたかもしれません。不良である自分自身を受け入れていないのです。だから彼は「そんな毎日が続くと、毎日が不安でイライラして」いたのです。毎日が不安でイライラしていたから、容認されることではないですが、「タバコや酒やシンナー」は当時の彼のストレスの発散となっていたのです。そう考えると、彼にとって、「タバコや酒やシンナー」は「現実から逃げる」というよりも「不安やイライラを解消するためには必要」だったと考えられます。彼は、自分の意思でタバコなどに手を出したことを自覚しないといけません。逃げたのではなく、彼が選んだのです。そう捉え直しをすることが問題行動と向き合うことです。

「絶対迷惑はかけない」は危険な発想

私たちは人に「迷惑をかけてはいけない」と思い込んでいないでしょうか。なぜなら、多くの人が親からこの言葉をかけられているからです。「人様に迷惑をかけてはいけない」と。「迷惑をかけてはいけない」という価値観は、見方を変えれば、「人の世話になることをしない」という考え方につながります。そうすると、悩みや苦しみを自分一人で抱え込むことになります。

実際のところ、日々の生活で私たちは人に「小さな迷惑をかけながら生きている」のです。誰にも迷惑をかけないで生きることは不可能です。むしろ「小さな迷惑」は人が誰かとつながるためには必要なのです。

文末には「今、再出発の決意としてはっきり言えることは、こんな私でも思っていてくれている家族のために、もう二度と心配をかけることはしない、もう絶対迷惑はかけないということです」と記されています。これは非常に危険な考えです。「二度と心配をかけることはしない」「もう絶対迷惑はかけない」という考え方は、しんどいことがあっても誰にも言わない、苦しいことがあっても一人で抱え込むというパターンに陥ります。「教官のコメント」には「感情統制力と規律ある生活態度を身に付けさせること等を中心に指導を進めている」とありますが、感情統制力を身に付けさせると、ますます我慢して抑圧させていく危険性があります。少年にとって必要なことは、感情を統制することではなく、うまく感情を表現させることではないでしょうか。

感情を統制すること、すなわち感情（とくに怒りの感情）をコントロールする指導方法は、現在の少年院の教育の主流となっています。しかし少年の心のなかには、両親に対する不満感情が鬱積しているはずです。幼少期に、彼は父親に殴られているのです。両親が多忙で、かまってもらっていないのです。だから寂しい思いをしてずっと我慢していたはずです。彼が本当に感情を統制できるようになるためには、心の奥底にある鬱積した感情を吐き出すことから始めないといけません。しかしそれには蓋をして、統制させる指導を行うのです。そして、日常生活では規律ある生活態度を身に付けさせるのです。これは危うくないでしょうか。

そもそも親とは、子どもから心配をかけられたり迷惑をかけられたりする存在です。むしろ心配をかけられたり迷惑をかけられたりすることを、親は喜んでもいいのではないでしょうか。なぜなら、子どもは自分の本当の気持ちを表現しているからです。この少年が再出発するためには、人にうまく甘えたり頼ったりする生き方を身に付けることです。「絶対迷惑をかけない」という言葉が出たときは、「その気持ちで頑張れよ」と励ますのではなく、支援者は「上手に人に迷惑をかけて生きていくんだよ」と伝えなければなりません。

このような批判的なことばかり書くと、この少年の作文は例外ではないかと思われるかもしれません。そう思われる方は、ぜひ第3集に掲載されている他の少年たちの作文を読んでください。さらに言えば、第4集（1997年）もみてください（この作文集は「第4集」で刊行が終了）。他の作文の「文末の文章」をいくつか紹介します。

「少年院を出たら、人を頼らないで、自分一人でも生きていけるように努力していきたいと思っています」（第3集、241頁）、

「いまわしい過去を心の奥にしまい、第二の人生をこれから歩みたいと思います」（第4集、35頁）、

「自分の弱さに負けるのではなく、自分の甘さに打ち勝ち、少年院で学んだ思いやりを社会復帰していく私の大きな支えとして、青春時代の終着駅からの出発、二十歳となり大人としての社会生活を目指し頑張っていきたいです」（第4集、56～57頁）

いずれも、少年たちの「危うい決意」で締めくくられています。彼らは、なぜ非行に走ったのかを理解していません。文章能力の高さ、深い謝罪の言葉、そして「しっかりした決意」が記された文章が好まれるのです。こうした少年たちの作文を、少年院の元締めである法務省矯正局が採用していることを私は危惧します。

「この少年は更生できないですね」

実は、私はこの少年の作文を、私が刑務所で行っている受刑者に対する授業の「教材」に用いています。授業の方法はシンプルで、この少年の作文を読んで、受刑者に自由に議論してもらいます。全７回の授業で、この作文は終わりの方で使っています。７回の授業の流れを大雑把に言うと、最初の方では「(上辺だけの) 反省文」を読ませて、本当の反省の意味を考えさせたうえで、いくつか犯罪者の事例を取り上げます。第４章の酒井法子さんのケースや殺人事件の事例などを用いて、まずは「加害者」のことを徹底して考えさせるのです。生い立ちまでも含めて加害者の事例を読んで、なぜ「彼ら」が犯罪を起こすようになったのか、幼少期はどのように過ごしていたのかを議論させます。自分のことではなく、「他者」の事例なので、受刑者は話しやすいのです。他者の犯罪のケースを考えるうちに、受刑者は自然と自分のことと重ねていきます。そうすると、過去を振り返ったことのなかった受刑者が、自分の過去を振り返り、原点は幼少期にあったことに気づいていきます。頃合いをみて、この少年の作文を取り上げます。

全員が作文を読み終わったところで、私が「何か思ったことはありますか」と質問すると、誰かが必ず「この少年は更生できないですね」と口火を切ります。「おっ！ 鋭いですね。どうしてそう思いますか」と私が続けると、受刑者は「だって、最後の文章はダメでしょう」と応じます。他の受刑者もうなずきながら次第に議論が活発になっていきます。その後、私が「この少年はなぜ非行に走ったと思いますか」「幼少期は、どんな気持ちで過ごしていたと思いますか」「なぜこの少年は目立ちたいと思ったのでしょう？」などと問いかけます。すると、多少の紆余《うよ》曲折はあるものの、私がすでに書いた「仮説」に落ち着きます。

このような授業の流れを書くと、「出来過ぎではないか」「自慢話をしているのか」と思われる方がいると思います。しかしけっして「話をつくっている」とか「自慢したい」わけではありません。「加害者」の事例を通して自分をみつめるようになれば、多くの受刑者は自然と自分自身の内面の原点もみえてくるのです。「殺人を犯したのだから、被害者のことを考えさせないとダメだろう」と思われるでしょう。もちろん被害者のことも授業で取り上げます。しかしそれは最後です。最後に被害者のことを考えるから、被害者の心情の理解がグッと深まるのです。

しかし、刑務所も含めて、少年院の教育は最初から被害者のことを考えさせようとします。被害者の苦しい思いを理解させたいという思いから、そういう発想になるのは理解できますが、それだと結局、謝罪の言葉を引き出すだけに終わり、自分の内面をみつめるには至りません。その証が私が取り上げた少年の作文であり、教官のコメントです。「そんなことはない。たとえば少年院では内観療法を使って、過去の自分自身をみつめさせている」との反論が予想されます。ちなみに内観療法とは、過去の自分自身と関係の深かった人物（母親、父親が中心になります）に関して、「お世話になったこと」「して返したこと」「迷惑をかけたこと」の三つを考えさせて（内観して）、「こんなにも多くの迷惑をかけてきた私が、見捨てられることもなく、今もなお生かされている。だから、感謝しなければならない」という気持ちにさせるのです。決まった「シナリオ通り」に進めていくのが内観療法の特徴です。

内観療法の問題点は、「迷惑をかけたこと」に重点を置いていることです。これだと、「迷惑をかけた→自分が悪かった」という反省させるパターンになります。「迷惑をかけたこと」を考えさせるなら、「迷惑をかけられたこと」も考えさせないと、バランスが悪いのではないでしょうか。なぜなら、殴られたり、何時間も正座させられたり、食事を与えられなかったり、放任されていたりなど、少年たちは親からいっぱい迷惑をかけられていたからです。だから両面をみつめないと、自己理解は得られません。「迷惑をかけたこと」だけを考えさせると、結局「すみませんでした」となります。親から迷惑をかけられたことによる怒りや憎しみには蓋をするだけです。それどころか、最後は感謝させるのです。片方だけを内観させる方法はフェアではありません。

「形が整っている」ことが評価の基準

少年院の教育に疑問を投げかけるのは私だけではありません。私が考えている問題点を近畿弁護士会連合会少年問題対策委員会が明確に示しています。いくつかの問題点を指摘していますが、なかでも私が最も問題視している二つを以下に記します。
「規律や規則が細かくて多い上、処遇メニューや覚えること、やらなければならないことが多過ぎ、自分が何故少年院に送致されたのか、これまで何をやってきたのかこれから何をやるべきなのかを自発的に考える機会が少ないとの指摘が仮退院した少年からもある。これらのことを自発的に考えさせることが少年院教育の重要な目標の一つとなっているようであるが、現場の隅々にまでどの程度実践されているかについては、検証の必要がある。／（この）検証とも関連するが、自発的に考える機会が与えられていない少年の中には、少年院でのメニューをそつなくこなしていれば進級し、仮退院できるため、見せかけの優等生・順応生的態度で少年院生活を送る者が出てくる。そして、そのような少年は、内省が得られないまま、早く仮退院となり、社会復帰するものの、社会復帰後の更生には問題が生ずる場合があるとも聞いている」（『非行少年の処遇——少年院・児童自立支援施設を中心とする少年法処遇の現状と課題』明石書店　１９９９年）
　私語禁止という規則がもたらす心理的問題を思い出してください。少年は教官の許可がなければ、一切話をしてはいけないのです。そのような抑圧的な環境のなかで、少年たちが「自発的」に内省できるとは思えません。もちろん「規律や規則を破っていい」などと言うつもりはありませんが、厳しく管理された環境は、人から自主性を奪っていきます。少年たちは内心では「早く今の環境から出たい」と考えているので、規律や規則、教官の指示に従うという「順応的態度」を身に付けることになります。
　結局、少年院では、教官の指示に従い、「まじめに」生活していることが「評価」されることになります。言い方は悪いですが、「形が整っている」ことが評価の基準になるのです。そして、教官も少年たちが「ちゃんとしている」ことを評価します。このことを私は体験的にも知りました。

２０１２年の秋に私は、ある少年刑務所で実施された「研究授業」のスーパーバイザーに招かれました。研究授業とは、普通の学校でも教師が研修のために行っている公開授業です。教官が少年たちに授業するのを他施設から来た教官や刑務官に公開して、お互いに研鑽《けんさん》を積むのです。スーパーバイザーとは、この場合、公開授業が終わり、質疑応答も終了して、最後の「締めの言葉」として感想や助言を言う役割です。

この日の授業は、「コミュニケーションワーク」という単元でした。最初に、一人の受刑者が「起立」と号令をかけて、全員が「よろしくお願いします」と声を合わせて一礼します。とても整然としています。授業内容は、一つの課題を与えて（たとえば「最近、うれしかったこと」「悲しかったこと」など）受刑者がペアとなって、自由に話し合います。話し合う手順は構造化されていて、一人が「私の話を聴いてくれませんか」と言って、相手が「何でもどうぞ」と応じます。その後、自由に話をして、終わったら、「私の話を聴いてくれて、ありがとう」と言い、相手は「こちらこそ、私に話してくれて、ありがとう」と応じて終了です。「こんな当たり前のことをするのか！」との驚きの声が聞こえてきそうですが、そもそも受刑者は自分の悩みとかつらいことを相手に上手に話す（相談する）習慣がありません。自分の話を人にちゃんと聴いてもらった「喜び」も知りません。だから人間関係もうまくつくれないのです。再犯しないためにも、自分が苦しくなったりつらい思いをしたりしたときに、「私の話を聴いてくれませんか」と言って、人に頼る術《すべ》を学ばなければなりません。私は大変有意義な授業だと思って、好印象を持ちながら授業を観ていました。問題は、授業が終わった後の質疑応答の時間に起こりました。

力を信奉している教官たち

まず授業をした教官（数年前から、刑務所では、少年院で経験を積んだ法務教官が「教育専門官」という肩書で受刑者の教育を始めています）が授業の目的（受刑者のコミュニケーション能力を高めることが狙い）を説明した後、質疑応答の時間になりました。すると少年院から見学に参加した一人の法務教官が「感想ですが、いいですか」と言って立ちました。中堅の男性教官は、授業中の受刑者の様子を捉えて「ダラケた感じになっていませんか」と発言したのです。確かに受刑者が自由に話しているとき、「ダラケた」印象に映るかもしれませんが、授業開始と終了のときの挨拶はしっかりできていて、私は「メリハリがあって、とても気持ちがいい」と感じていました。スーパーバイザーとして私はそのことを伝えましたが、質問した教官は納得しないまま着席しました。彼は、「形が整っている」ことを重視しているのが分かります。一人の教官の発言だけを捉えて、それを普遍化するのは問題があることを承知で言えば、彼のような考え方をしている法務教官の方が多数派です。「自由に話し合うような自発的な空間」は、少年院の「文化」に染まり切った彼のような教官にとって「あり得ない」のです。

２００９年に広島少年院で法務教官による少年の体罰事件が明るみに出ました。この事件に触れて浜井浩一は「俗っぽい言葉で表現すれば、矯正施設では『なめられたらおしまい』という意識が強い。これは学校などでも同じだろうが、生徒は内心馬鹿にしている教師の指示には従わない。教師にとって生徒からバカにされていると感じることほどつらいことはない。矯正施設である少年院ではなおさらである。したがって、少年院において、少年が教官の指示に従わない態度を示すと、何とか言うことを聞かせようと、教官は不安と焦りからパニックになる」（「少年院での職員による体罰・暴行はどうして起きるのか？」『刑事弁護』60号、現代人文社　２００９年）と述べています。

以前、私はある児童自立支援施設に見学に行ったことがありますが、その後の職員の話を思い出しました。中堅の男性職員は「私は子どもたちになめられないように、毎日身体を鍛えているんですよ」とダンベルを手にしながら笑いました。子どもたちは力で抑え込まれているのです。

数年前から、少年院では職員の「査定」が行われるようになりました。簡単に言えば、ちゃんと少年を指導できているのかを査定して、その結果が給料に反映されるのです。査定結果は職員全員に公開されます。少年院で最も高く評価されるのは、集団になったときの少年たちを整然と指導できることです。一言で言えば、教官の管理能力が最も重視されるのです。

職業訓練を受けることも重要です。海外で評価が高い認知行動療法を取り入れた教育も必要でしょう。しかしいくら訓練や教育のバリエーションが増えても、少年院の体質と、個々の教官の意識が変わらないかぎり、少年院における教育によって少年たちが立ち直るのは難しいと言わざるを得ません。

「固い決意」は再犯の抑止力にならない

矯正協会附属中央研究所が、少年院再入院者（男女112人）を対象に、「文章完成法」という心理テストを活用した興味深い研究を行っています（大川力・長谷川宜志・渕上康幸・茂木善次郎・門本泉「少年院を出院した少年に関する研究（その2）」『中央研究所紀要』第10号、矯正協会附属中央研究所　2000年）。文章完成法とは、たとえば「子どもの頃、私は」とか「私の父は」など書きかけの文章（「刺激文」と言います）の後に、頭に浮かんだことを自由に書いて「文章を完成する」というパーソナリティ検査です。

研究では、「前の少年院を出る頃の私は」「私は前の少年院の先生に」「私は前の少年院の他の生徒に」などと刺激文を変えています。結果のなかで注目すべきは、「前の少年院を出る頃の私は」の項目で、「過ちはくり返さない」「再び入りたくない」など更生意欲を表す積極的な反応をした者が56・6％と過半数を超えている点です。他方、「遊び」や「出ることだけ」を考えていたという消極的な反応は17・5％、自分は「変わっていない」「非行を考えていた」といった反発・反感を示す反応はわずか3・5パーセントでした。過半数の少年が「過ちはくり返さない」「再び（少年院に）入りたくない」

と思って出院しても、現実は再び少年院に舞い戻っているのです。「過ちはくり返さない」という固い決意だけでは、再犯の抑止力にはならないことを如実に表しています。

もう一つ調査研究を紹介します。医療少年院などを除く全国の少年院に収容されている少年（男子３０６２人、女子４０３人、計３４６５人）を対象にした大規模な調査です（田中奈緒子・仲野由佳理・山本宏樹「質問紙調査からみた少年院」広田照幸・後藤弘子編『少年院教育はどのように行われているか――調査からみえてくるもの』矯正協会　２０１３年）。

調査の一つに「少年院生活で特につらい場面」を三つ選んでもらう質問項目があります。男子の結果をみると、上位3位は、「毎日の規則正しい生活」（36・４%）、「他の少年との共同生活」（35・２%）、「課題作文」（29・９%）となっています。女子は「他の少年との共同生活」（57・９%）がトップで、次いで「毎日の規則正しい生活」（36・９%）、「内省」（36・３%）と続きます（矯正教育では、女子も「少年」と言います）。男女とも、「毎日の規則正しい生活」と「他の少年との共同生活」が上位二つとなっています。注目すべきは、二つとも日常生活に関する内容になっていることです。本来なら楽しいはずの普段の日常生活が、少年たちにとっては一番苦痛になっているのです。

「つらい場面」を経験するのは、少年に「我慢（この場合、抑圧）させること」を身に付けさせるだけで、立ち直りにはつながりません。むしろ抑圧している分だけ、犯罪性がパワーアップしているという見方ができます。そうであれば、厳しい言い方になりますが、施設に入ることが、少年を悪くしていることになります。もちろん少年院の「教育」すべてを否定するわけではありませんが、基本的なスタンスとして、「形が整っている」ことが評価されるかぎり、少年院では少年が「自発的」に自分の問題をみつめる場にはなりません。

第1章で取り上げた香川にとって、少年院は「立ち直る場」とならなかった理由は、少年院教育の環境や教官のスタンスからみえてきます。感情をマヒさせていた香川にとって、少年院の教育は、皮肉なことに、ますます「感情をマヒさせる」場になっていたのかもしれません。

第3章　受刑者の心の奥底にある幼少期の問題

受刑者の幼少期は100％不遇

「まえがき」の木下君が書いた文章を繰り返しますが、私はどの家庭もなにがしか問題を抱えていると考えています。そもそも「100％健全な家庭」など存在しないでしょう。このことを踏まえて私が言いたいことは、受刑者にかぎれば、彼らの幼少期の家庭環境は100％不遇であったことです。

刑務所で私は、殺人や傷害致死など人の命を奪った受刑者に対して、更生のためのプログラムを作って授業をしていると書きました。プログラムには毎年5名程度の受刑者が参加してグループワークをします。具体的な実施方法は各刑務所に任されていて、私の場合、1年間に90分の授業を7回行っています。

グループワークを行う際、一人ひとりの受刑者にノートを渡します。そして、毎回の授業実施後に「授業の感想文」と、もう一つ別の課題（たとえば、「今、悩んでいること」「幼いときにうれしかったこと・つらかったこと」など）を与えます。受刑者は人前で話せなかったことや個別の悩みを書き、私がそれに返信をしてノートを返します。課題のなかでよく用いるのがロールレタリングです。ロールレタリングとは、「手紙を書く」方法を用いた日本生まれの心理技法で、「私から相手へ」の手紙を書いたり、ときには相手の立場になって「相手から私へ」の手紙を書いたりするなかで、自己理解や他者理解を得るものです。実際に相手に投函する手紙ではないので、言いたいことを手紙の形で思い切り吐き出してもらいます。これまで言えなかったことを書き出すと、少しずつ受刑者の心の整理が進んでいきます。

毎年、このプログラムを始める前、私はどのような受刑者がプログラムを受講するのかを知るために、個々の受刑者の「プロフィール」を刑務所から教えてもらいます。プロフィールには、「生育歴」と「犯罪に至った経緯」が簡略に記されています。生育歴に書かれている幼少期をみると、親の厳しい「しつけ（多くは父親から暴力を受けている）」、両親の離婚、養育者が親以外（たとえば、祖父母や親戚）、施設生活、きょうだいが多く極貧の環境で育ったことなどが記されています。ケースは多様ですが、受刑者が不遇な家庭環境のなかで育っていることは一致しています。

ところが、なかには稀に「両親は普通だった」「幼少時、家庭環境に問題はなかった」「裕福な家庭で育ち、両親ともに優しかった」といった記載があるのです。こうした文章を目にすると、刑務所には失礼ですが、私は疑ってかかります。なぜなら、経験上、真実が表に現れていないことが、ノートのやり取りをするなかで次第に分かってくるからです。

そうすると、刑務所が用意したプロフィールには、嘘が書いてあるのか、あるいは本当のことを隠しているのでしょうか。答えは、否です。幼少期の家庭環境について、刑務所が秘密にする理由はありません。刑務所が作成するプロフィールは、事件を起こした受刑者（当時は被告人）が、裁判を受ける際、調査官から聴取された内容を元にまとめられています。

ちなみに私は、かつて殺人を犯した被告人の証人をしたことがあります。弁護士から送られてきた資料は、まるで何冊もの「辞典」に匹敵する膨大な量でした。被告人は、事件を起こすまでの経緯を、幼少期から事件に至るまで、それこそ微《び》に入り細《さい》を穿《うが》つまで詳細に聴取されています。その資料を元に、刑務所の「調査票」というものが作成されます。調査票とは、受刑者（元被告人）が語った言葉をまとめたものの一部です。それなのに、プロフィールの事実とは異なること、とりわけ家族関係に関わる重大な内容が授業を進めるなかで明らかになります。なぜなのでしょうか。理由として、以下のことが考えられます。

①受刑者（元被告人）が、嘘の供述をした。
②調査官が、幼少期のことを詳しく聴いていない。
③受刑者（元被告人）が、幼少期のことを話さなかった。
④受刑者（元被告人）が、「自分の家庭には問題がない」と思い込んでいた（家庭に問題があることに気づいていなかった）。

②と③のケースもないわけではないですが、大半は④です。①も考えにくいです。被告人が、「幼少期の家庭環境は普通でした」と嘘の供述をしても、その証言は裁判で不利益にならないからです。むしろ「悪かった」と言った方が情状酌量の点からは有利にはたらくでしょう。④のケースの受刑者は「いい家庭であったとは言えないが、自分の

家庭がとくに悪かったとも思わない」とか「普通の家庭でした」と受け止めています。それどころか「愛されて育てられました」と言う受刑者もいます。他の家庭を知らないので、こうした言葉が出るのも無理もないのかもしれません。
そこで本章では、④に当てはまる事例を二つ取り上げます。「普通の家庭に育った」と思い込んでいた受刑者が、何がきっかけで道を外したのか、そしてどのように自分の犯した罪の原点に気づいていったのかを本人が書いた文章からみていきます。受刑者が書いた「ノートの課題」は、その都度私が必要と思って与えたものです。なお、名前はすべて仮名で、事例の内容も本人と特定できないように修正してあります。

両親の愛情を受けて育ったと思い込んでいた受刑者

【ケース１】山本一郎（仮名、50代前半）罪名：殺人未遂ならびに覚醒剤取締法違反
生育歴：自営業を営む両親の下、男ばかりの４人兄弟の末っ子として生まれ、生計は裕福で、家庭環境に問題はなかった。中学に入学する頃から不良交友をするようになり、シンナーの吸引が始まる。高校へ進学するが授業についていけず退学し、家業を手伝うことになる。その頃から覚醒剤を使用するようになり、密売人である暴力団員との交際

が始まる。その後、精神病と診断され、入退院を繰り返す。30代前半に景気が悪化したため、家業をたたみ山本は無職となる。40代半ばに、覚醒剤使用が発覚し執行猶予。仕事をしない状況が続くなか、再び覚醒剤の使用が始まり、かつての暴力団員から購入するようになった。
犯罪に至る経緯：暴力団員から覚醒剤を報酬に殺人を依頼される。当初は断っていたが、覚醒剤欲しさに承諾。包丁で切りつけたが、負傷を負いながらも被害者は命からがら逃走したため、殺害には至らなかった。

以上が、刑務所から送られてきた山本一郎のプロフィールです。A4一枚だけです。わずか数行ですが、そこからいろいろなことが読み取れます。もちろん間違って解釈することもありますが、第2章の少年の作文で述べたように、それは受刑者本人との関わりのなかで修正していけばいいことです。重要なことは、受刑者のことを理解するために最大限の努力をすることです。
それでは、プロフィールから山本に関してどのような仮説が立てられるのかを考えてみましょう。まず「男ばかりの4人兄弟の末っ子」という箇所から、大半の親は「兄弟

３人は皆、男。今度こそ、女の子が欲しい」と考えるでしょう。しかし期待に反して、男の子が誕生。両親は「また男か……」と落胆し、山本を冷遇したかもしれません。

両親は自営業を営み、「生計は裕福」とあることから、仕事は順調だったでしょう。したがって、子どもたちに生活面で不自由をさせることはなかったと考えられます。生計が裕福であると、「家庭環境に問題はなかった」ように表面上はみえます。しかしここに落とし穴があります。親の愛情の与え方は、「モノを与えること」が手段となっていた疑いがあるからです。たとえ仕事が順調であったとしても、自営業を続けることは大変です。第2章で取り上げた非行少年の作文と同様、両親は朝早くから夜遅くまで、働き詰めだったかもしれません。そうすると、必然的に、子どもたちへの関わりは少なくなります。「生計が裕福」なら、「モノを与えておけば子どもは満足するだろう」と親は考えてしまいがちです。

繰り返すまでもなく、幼いとき子どもは親からの「愛情」を求めます。仕事で忙しい両親に対して、少しでも自分に目を向けて欲しいと思って、山本は小学校時代「いい子」で頑張っていたと想像できます。しかし、その努力は報われません。愛情に飢えた状態は強いストレスになります。山本は、学校の友人の家庭を見て、うらやましく思ったに違いありません。その思いは嫉妬心となって、他児への暴力になっていたかもしれません。そうすると、友だちがいなくなって、学校生活が苦痛になってきます。

普通の友人がいなくなったとき、不良仲間が手を差し伸べてくれると、その誘いに乗るのに時間はかかりません。なぜなら、孤独が何より苦痛だからです。そうして子どもは一気に悪くなります。タバコからシンナーへという流れは、覚醒剤へと突き進む「おきまりのコース」です。不良仲間と付き合っているから、学校でまじめに授業を受けることはなかったでしょう。結果、退学は避けられません。その後、「家業を手伝うことになる」のは、両親が悪事に染まっていく山本を放っておけなくなって、家業を手伝わせることにしたのかもしれません。しかし、もはや親の思いは山本の心には届きません。すでに、時遅しです。

ここから転落の人生です。覚醒剤を介して、暴力団員との付き合いが始まれば、普通の生活に戻ることはかぎりなく難しくなります。それに追い打ちをかけるかのように、家業が破綻します。両親自身が生活で困窮するようになり、山本を援助する余裕などなくなったでしょう。そして、この頃の山本は、すでに覚醒剤中毒です。万策尽きたと言えます。結局、40代半ばで山本は覚醒剤取締法違反で逮捕されました。通常、初犯の覚醒剤使用者は執行猶予付きの判決になるので、山本は社会に戻ることになります。

そして、最悪のシナリオが山本を待ち受けていました。覚醒剤を買う金に困っていた山本に、暴力団員が覚醒剤を報酬に殺人を依頼しました。当初は断っていても、結局覚醒剤欲しさに承諾します。人の命より覚醒剤が優先するほど、山本の心はボロボロになっていたのでしょう。以上が、プロフィールから考えた仮説です。

それでは、私の授業を受けた山本がノートに書いた文章をいくつか取り上げ、私の仮説がどうであったか、そして山本はどのように変化していったのかをみていきましょう。最初の課題は「幼いときのこと」です。


「愛されて育った」のになぜ非行に走ったのか？


「幼いときのこと」

「私は両親の愛情を受け、小学、中学、高校と何不自由なく愛されて育ちましたが、小学生の頃から二つ上の先輩と仲が良くなり、悪いグループをつくり、未成年なのにタバコを覚え、幼い気持ちなのになぜか一人前の男と認めてもらいたくなりました。中学生にはシンナーも覚え、いい気分でツッパってました。その頃には怖いものは何もない気分でした。高校になってから覚醒剤に手を出し、その影響で精神科の薬を飲み始めました。若い頃には『精神科、精神科』とバカにされたり『頭がおかしい』などと言われたりして、ハンディを背負った気持ちになって落ち込みました。友人にも馴染めず逆に冷たくされ、ますます薬の魅力に負けて、心身ともにボロボロになっていきました。（中略）病院でよきパートナーと出会い、夢のまた夢と思っていた結婚をしました。しかし結婚生活も1、2年で破局。それからは、再び薬にどっぷり漬かっていき、トントン拍子で悪の道へと進み、今この施設です」

最初に目に飛び込んでくる文章は、「小学、中学、高校と何不自由なく愛されて育ちました」です。山本は、親から「愛されて育ちました」と書いています。親から愛された思いを持っているのに、小学生の頃から「悪いグループをつくり」、タバコ、シンナー、そして高校生には覚醒剤と問題行動がエスカレートしています。親から愛されたはずの少年が辿るコースとしては不自然です。どこかに山本が気づいていないことがあるはずです。そこで注目すべきは「幼い気持ちなのになぜか一人前の男と認めてもらいたくなりました」の一文です。これも、第2章で取り上げた作文の非行少年と同じパターンです。山本は本当に「両親の愛情を受け」ていたのかを疑わないといけません。「ツッパって」いることで、承認欲求を満たしていたと考えられます。

「ツッパった」生き方を幼少期に身に付けると、その後の人間関係をうまくつくれません。「よく見せようと無理した自分」「カッコつけた自分」で他者から評価を得ようとするからです。それが山本のその後の人生の「人とつながる方法」になります。

素直な自分を出せないと、他者は心を開いてくれません。他者が心を開かないと、孤独を感じる山本は、人から評価されたいとの思いが強くなり、ますますツッパって生きていったでしょう。これが孤立を深める悪循環です。他者に受け入れられず、「友人にも馴染めず冷たくされ」ていきます。この頃、精神科にも通院し、誰にも相手にされなくなります。山本は強烈な孤独感を味わっていたと思われます。その孤独の苦しみを紛らわしてくれたのは「薬」だったのです。

幸い、苦境に陥っていた山本に「よきパートナーとの出会い」があり、結婚にまでこぎ着けます。しかし山本は、「人の愛し方」や「素直になる方法」が分かりません。幼少期にその方法を学んでいないからです。幼少期に素直な甘え方が身に付かなかった者は、成人になってから友人関係はもちろんのこと、とくに異性との間に必ず問題を起こします。愛情を持って接しないといけない一番身近にいる人だからです。人の愛し方が分からないとパートナーが離れていくのに時間はかかりません。再び孤独が山本の心を苦しめます。覚醒剤に戻るのは必然的な結果だったのです。

私は、「小学、中学、高校と何不自由なく愛されて育ちました」と書いてあったことに疑問を持ち、山本と個人面接をしました。私の仮説通り、プロフィールに記されていた「家庭環境にも問題はなかった」というのは本人も気づいていないことでした。山本は「私が幼い頃、父と母がいつも喧嘩ばかりしていました。母は優しかったが、軍隊上がりの父は私に厳しく、何か言うと『不満を言うな』と押さえつけられていました」と言いました。さらに、「薬を使い始めてから、一番上の兄から『お前はおかしい』とよく言われました」と兄に対して腹立たしい思いがあることも告げました。私は、山本の心の奥底には父親と一番上の兄に対して強い怒りの感情があると考え、「幼い頃の自分」に戻ったつもりになって、父親と兄に手紙（ロールレタリング）を書くことを求めました。

怒りを吐き出すことで「愛情」の意味に気づく

「幼いときの私から父親へ」

「幼いとき、私の親父は商売が忙しく、私のことはまったくかまってくれなかった。親父はいつもお金の計算をしていて、養育の方は全部母親まかせ。そのせいか私は『お母さん子』になっていた。どこの家庭も同じようなものと思っていたが、小学生のときに友だちの家に遊びに行くと、お父さんが家族と一体となって楽しそうに見えた。これが普通の家庭かと思うと、ものすごく悲しくなった。私の家にはお金はあったけど、温かい家庭の雰囲気はまったくなかった。お金だけの愛情なんていらなかった！　今思うと、お母さんもそのことが分かっていたのか、私には温かく接してくれた。／親父が商売でつまずいたとき、家族はどん底になり、家具や電化製品には赤紙が張られ、幼い私には何のことか分からず、怖くて寂しい雰囲気のなかでいつも震えていた。後で分かったことだが、差し押さえの札だったのです。私はお母さんの背に負われ、お金の集金に行き、取引先の相手に『そんな金はない。さっさと帰った、帰った』と言われた。その言葉が今でも頭に残っている。ただただ泣いていた自分を覚えている。そんな悲しい思いをさせた親父を憎んだ。本当はもっと私のことをかまってほしかった！」

「私から兄へ」

「兄貴。私はいつもお母さんといっしょでしたね。お母さんに甘えっぱなしで、いつまでたっても大人になれなかった。そのせいか、兄貴は私に厳しく当たり、精神科に初めて入院した際には、『一生、入っとけ』と言ったよね。私に対して、なぜそんなにキツく当たるのか分からず、私のことを心配するどころか、いつも感情のまま頭ごなしで言葉を吐き出す兄貴が大嫌いだった。私は末っ子なので何一つ発言力もなく、何一つ男らしさを出せない私はつらかったよ。『こんなに厳しくしやがって』と嫌な気持ちがふくらみ、『なにもかも火事でなくなればいい』と思ったこともある。シンナーを覚え、兄貴に薬を使っていることがバレたとき、力いっぱいコーラのビンで頭を殴られたときのことは忘れないよ！　あのときは兄貴のことが憎くて憎くて仕方がなかった。／でも、こうして振り返って正直に自分の気持ちを書いてみると、兄貴の存在が大きかったことが分かってきた。刑務所での初めての面会のとき、兄貴の目に涙が浮かぶのを見た瞬間、私は大きな声を上げ泣きわめいた。私は『すみません』と謝るしかなかった。涙が止まらずずっと泣いていた私に、兄貴は『悪いことをやったんだから……』と言ってくれた。そのときの兄貴はとても優しく感じた。厳しかった兄貴も、今になれば優しい兄貴に変わっています」

山本は、生活に不自由しないことが「親の愛情」だと信じ込んでいました。もちろん子どもに生活の不自由をさせないことも必要です。しかし「モノ」では心は満たされません。山本が本当に望んでいたのは、「温かい家庭」の雰囲気でした。それを感じることができなかった山本は、寂しさを埋め合わせるために、タバコ、シンナーへと走っていったのです。

親が仕事で忙しくしている家庭は、どうしても子どもに関わる時間が少なくなります。それは避けられないことです。だからと言って、そのような子どもが皆、非行に走るわけではありません。大切なことは、たとえ関わる時間が少なくとも、子どもに対して「お前のことは愛しているよ」「お父さんはお前が大好きだ」などと、たとえ一言でもいいので、愛情のこもった言葉を注ぐことです。そうすれば、子どもは「大切にされている実感」を感じることができます。

気をつけないといけないことは、私たちも仕事が忙しくなったりすると、「今は忙しいときだから、子どもは我慢するのが当たり前」と考えてしまうことです。子どもも親が忙しいことは分かっているので、親の思いを察する「いい子」になります。「いい子」であるだけに、我慢することで、愛してもらいたい思いを隠します。その思いを口に出すこともしません。そうすると、親は子どもが「不満も言わないし、大丈夫だろう」と思い込み、子どもはますます我慢することが当たり前になっていきます。この状態は表面上安定しているように見えますが、問題を先送りします。子どもの心の奥底には、常に寂しさがあり、それがストレスになります。いつか大きな爆発を起こすことになります。子どもは、「もっとかまってほしい！」「僕のことを愛してほしい！」と本当は叫びたいのです。その思いに応えるには、必ずしも「時間があること」が不可欠な条件ではありません。逆に言えば、時間があっても、子どもを大切にする思いを伝えるのが苦手な親はいます。たった一言でも「大切に思っているよ」と言ったり、ときには抱きしめたりすることが子どもに素直に生きるエネルギーを与えるのです。

親は子どもに愛情を注ぎます。同時に、親はしつけや指示・命令をするので、子どもの欲求を抑える存在でもあります。したがって、人は誰もが親に対して、肯定的感情と否定的感情の両方を抱きます。頭のなかでは憎しみや怒りしか感じていなかった親であっても、否定的感情を外に出すと、奥に隠れていた肯定的感情が前面に表れます。しかし否定的感情を感じているとき、人は問題行動を起こし、肯定的感情の存在に気づきません。心のなかを否定的感情が覆っているからです。その感情を外に出さないと、いつまでも憎しみや怒りを持ち続けることになり、生き辛い人生になります。だからこそ、否定的感情を吐き出さないといけないのです。

山本は、兄への憎しみを思い切り吐き出せました。その結果、彼は、面会に来たときの兄の涙を思い出し、「優しい兄」を感じ取ることができました。こうして山本は家族との関係を一つずつ整理していったのです。

本音を出すことで自分の問題の原点に気づく

この後、山本は結婚したパートナーに対して、素直に謝罪する手紙を書き、どんどん気持ちを整理していきました。最後に山本が書いた「授業の感想文」です。

「全部で7回の授業。一言で言えば、心楽しく、人間として生き返る思いをさせてもらいました。こんなに過去を振り返ったことはありません。五十数年生きてきて、兄貴への恨みつらみを書いたことは初めてで、なぜかすっきりした気持ちになりました。パートナーにも医者にも母親にも言えなかったことを正直に言えたのは先生だけです。自分自身のことをみつめることの大切さが分かりました。今回の改善指導（注：私の授業）で、いままでの『心の黒さ』を洗い流せました。／私は夫婦喧嘩の絶えることのない家庭の暗い雰囲気が本当に嫌でした。最初は『何不自由なく愛されて育ちました』と文面に書いていましたが、お金の愛は『愛』ではなかったことに気づきました。両親に求めていたのは、普通の居間で、家族が集まり、くつろぎながら、会話のやり取りなどで温かさを感じ合い、一家団らんの時を過ごすことでした。／幼い頃のことを思い出すと、私はいつも何か明かりを求めていました。それが薬になっていました。薬をやれば、皆が私をグループの一人とみなしてくれました。皆といれば、ひとりぼっちにならないし、優越感にも浸れることができました。今思うと、薬は嫌な思いから逃げ出したくなる気持ちから使っていたのだと思います。寂しさから逃れたかったのかもしれません。（中略）私は人を殺《あや》めようとして未遂に終わったものの、人を殺めようとした自分の罪は消すことのできないものであり、残り一生背負っていかなければならないと思っています。残り少ない命を大切にして、意味のある行いをし、亡き父母の下にまいります。そのためにも私は変わります。新たな気持ちを持って、出所していきたいと思います」

心のなかにつまっていた本音を外に出すことによって、「すっきりした気持ち」になれます。すっきりした気持ちになると、自分の内面の問題とも向き合えます。見逃せないことは、山本の「気づき」は私が教えたことではないことです。私が山本の気持ちに寄り添ったのは確かですが、山本が「書くこと」をしなければ、家族の問題、そして覚醒剤を使うようになった自分の問題には気づけなかったでしょう。山本は自分の力で、事件を起こすに至る原点を見出したのです。山本の最後の「私は変わります」の言葉は、表面的な「固い決意」ではないことが分かります。

「明るさ」を演じ続けた受刑者

【ケース2】高山良夫（仮名、50代後半）罪名：殺人
生育歴：職人をする父親の下、5人兄弟の三男として出生した。父親は温和な性格だが無気力で、母親は社交的だったという。家庭は貧困で、長男は窃盗を繰り返し少年院に収容される。義務教育中高山は、活発でクラスの人気者であった。中学卒業後、建築関係の仕事や飲食店などの仕事を転々とする。その後、長男と同様に窃盗を繰り返し少

年院に送致され、成人後は暴行、詐欺や恐喝で初服役する。出所後殺人未遂で再び刑務所に収容され、再出所後実母の下で生活していたときに知り合った女性と20代後半に結婚した。
犯罪に至る経緯：無職で、妻に依存する生活をしていた頃、隣に住む女子高校生と親しくなる。やがて性交渉をする関係になるが、少女の対人関係をめぐって喧嘩が頻繁に起きるようになる。結局、高山は、少女の反抗的態度で怒りと絶望感を抱き、殺害に至った。

プロフィールから高山に関してどのような仮説が立てられるのかを考えてみましょう。

両親の関係ですが、父親の「温和な性格だが無気力」と母親の「社交的」から、高山の家では、母親が一家をリードする存在、もっと言えば、父親よりも母親の方が「立場は上」だったかもしれません。

気になる点は、「家庭は貧困で、長男は窃盗を繰り返し少年院に収容され」たことです。職人は安定しない職業で、しかも兄弟が5人となると、かなり貧しかったと思われます。長男の窃盗は、貧困が関係していたのは間違いないでしょう。

注目すべき点は、長男が少年院に収容されるほど犯罪性が進んでいるのに、高山は義務教育中「活発でクラスの人気者」だったことです。後で書きますが、長男が少年院に収容されることは学校で知られています。普通に考えれば、高山がいじめにあってもおかしくありません。それなのに「活発でクラスの人気者」ということは高山がすごく無理をして明るく振る舞っていたと想像できます。つまり、高山も「いい子」のときがあったのです。

中学を卒業して仕事に就いていますが、長続きせず転々としています。職を頻繁に変えるのは受刑者にはよくあるパターンです。彼らは「仕事が嫌だった」と言いますが、掘り下げて話を聴くと、ほとんどは人間関係でのつまずきが仕事をやめる原因です。繰り返しますが、幼少期の親子関係で素直に甘えられなくなった者は、社会に出ても人との付き合い方が下手です。上手に親に甘えた経験がないので、上手に人に頼れない（甘えられない）からです。心も開か（け）ないので、他者とうまく交流できません。

その後の高山は、長男同様に窃盗を繰り返し少年院に収容されます。成人になってから20代後半に結婚するまで、初服役、そして殺人未遂で再入所と、短期間で大きな事件を何度も繰り返しています。ここから考えられることは、成人になるまで、高山の悩みや苦しみの抱え込みは半端なものではなかったことです。抑圧していたエネルギーが幼少期から成人になるまで長く、そして強く抑圧されていたから、連続して大爆発を起こしたと考えられます。

「犯罪に至る経緯」のなかに、「無職で、妻に依存する生活をしていた頃」があることが記されています。「妻に依存して仕事もしないとは最低な奴だ！」と思われるでしょう。もちろんその通りなのですが、私たちが知っておかないといけないことは、「自信のない者ほどプライドが高い」ということです。私たちは、愛情を注いでくれる親から「ありのままの自分」を愛され認めてもらえることで、自信が芽生えてきます。しかし幼少期に親から十分な愛情をもらえなかった受刑者は、「ありのままの自分」を受け止められた体験がありません。彼らは、本当は自信がないのです。しかし自信がないことを知られるのは最高に恥ずかしいことなので、逆に強がるのです。当然、プライドも高くなります。そして高山は、かつて「クラスの人気者」だったのです。皆から認められていた時期があるということです。そんな「輝いていた時期」があったがゆえに、高山は「俺はこんなもんじゃない！」と思いながら、妻に依存しきったときの「どうしようもない自分自身」に嫌悪感さえ抱き、苦しみで煩悶《はんもん》していたかもしれません。何もしないでブラブラしている自分自身を内心では許していなかったと思います。その苦しみを救ってくれたのが、「隣に住む女子高校生」だったのかもしれません。しかし不安定な心理状態の高山と、高校生という多感な時期の女性との付き合いがうまく進むとは思えません。関係が破綻したとき事件が起きたのです。

教師の不用意な言動と上級生の暴力

高山の内面の苦しみが記されたのは、2回目の授業のときのノートです。「幼いときにうれしかったこと、つらかったこと」を課題にしました。すると高山は、プロフィールにもあったように、家庭が貧しかったことを書き、担任の先生の「言葉」で大きな心の傷を負ったことを告白しました。

「幼いときつらかったこと」
「一番心のなかに強く残っているのは、残念ですが、あまり良いことではありません。家がかなり貧しかったこと、小学校時代、生活保護家庭の子どもという風に周囲に見られ、つらい思いをしたこと、そんなことばかりが思い出されます。学校の担任の先生に、皆が注目しているなかで、『あんたたち（私を含めて約50名の中、2～3名でした）は、こうして国の方からちゃんと教科書を用意してもらえるんだからね。家が貧しくても一生懸命勉強しなきゃあ駄目よ』と言われたときは、幼いながらも何か割り切れない思いを抱きました。私は『どうして皆の見ている前で、こんな恥ずかしい思いをさせるのだろう？』と強く感じました。事実、その後のクラスメートの男子と女子の態度がそのときの私たち2～3名に対して明らかに変化するのです。かなりハッキリと。それは〝異質な者たちへの差別〟のようなもので、子どもの世界ならではのリアルさで残酷に痛烈に私の心を傷つけました。私は負けず嫌いのところもありますので、周囲がそのように変化しても自分自身は気づかぬフリでいつも通りにふるまいました。家族にも誰にもそんな思いは告げませんでした。でも、いまだにトラウマのようにして、少年時代のそんな出来事が心の奥底に強く残っています」

高山の文面を読むと、教師の「言葉」が高山の心を深く傷つけたことが分かります。そして、それをきっかけに高山はクラスの雰囲気が変わったと感じています。読み取らなければならないことは、このような状況で高山は「周囲がそのように変化しても自分自身は気づかぬフリでいつも通りにふるまいました。家族にも誰にもそんな思いは告げませんでした」と書いていることです。一つは「気づかないフリ」です。本当は苦しいのに、自分の感情を抑圧している（あるいは無理に感じないようにしている）のです。もう一つは「家族にも誰にもそんな思いは告げませんでした」です。高山は悩みや苦しみを誰にも相談しないで一人で抱え込んでいたのです。
この後、高山と個人面接を行いました。私は高山が書いた文面に触れて、「（教師の言葉に）ものすごく傷ついたのではないですか」と言うと、高山は突然「うっ！」と言葉をつまらせて涙ぐみ、兄が少年院に入っていた事実を告げました。さらに「教師から、『お前はあいつの弟か？』と言われたり、中学の頃までいじめられたりしました。まじめにやっていて、なんでこんな思いをしなければならないのか！」と怒りを露《あらわ》にしました。私は、高山の苦しみを受け止め、教師に対して言いたいことがあったら書いてほしいと伝えました。すると高山は長文の手紙（ロールレタリング）を書いてきました。以下は、その一部です。

「私から数学教師へ」

「中1になって最初の数学の授業のとき、一人ひとり先生に向かって自己紹介を行っていたときのこと、あなたはいきなり私に向かって無神経極まりないことをやってしまったのです。ご自分でそれがわかっていましたか？　クラスの皆はそれぞれがまだお互いのことをほとんど知らない状況。どんな子なんだろう？　と互いに興味深々というとき、そんな状態のときに、あなたは、順番通り紹介を終えた僕に対して『おまえはあの高山の弟か？』と不躾な一言を放ったのです。そのときのあなたの表情、目つき、言い方によって、僕自身はもちろん、クラスの皆が一斉にギクッとなって、次の瞬間には全員の目が僕の方へ一斉に注がれました。『あの高山の弟か？』その言い方は、誰が聞いても〝僕の兄が不良である〟と感じ取れる言い方でした。そして更にあなたは苦虫を噛みつぶしたような顔をして、無言のまま、ウロウロと行ったり来たりしました。このときのあなたの言葉、表情、行動によって、僕は一瞬にして『新しいクラス』の中から〝浮いた存在〟のようになりました。いきなり『不良の弟』を授業で受け持つことが、それほどあなたにとって大問題だったのでしょうか？　僕自身は、兄とは関係なく真面目にそれまでやってきたのに……。僕は、あなたのこのときの一言によって、これ以来、しばらく『孤独』になりました……。（注：この後、高山は教師への不信感、家庭の貧困、そして少年院に入った兄が優しかったことを書いている）先生、あなたは笑って片付けるのでしょうか？　もし僕が突然ぐれたとしたら？　『やっぱり不良の弟は不良だった』そう言って簡単に一言で済ますのでしょうか？　僕は、あなたが大嫌いですっ！」

高山の文面に対して、私は高山が教師の無神経な言動によって深く傷ついたことを受容しました。そのうえで、「誰かに苦しみを相談できましたか」と質問し、教師以外にも「傷つけられた経験」があったのならノートに吐き出してほしいと伝えました。すると高山は上級生から何度も暴力を受けた過去があることを書いてきました。


「上級生から受けた暴力」

「前回のノートで先生が尋ねられた『幼い頃、苦しみなどを打ち明ける相手がいたのか？』については、私はほとんど誰にも話した記憶がありません。自分のなかに〝そんなことを人に訴えるのは恥ずかしい〟〝弱い子と思われたくない〟という気持ちが強くあり、無理していたようにも思います。／数学教師の一件に関連して、他にも何かあったのでは？　と尋ねられておられますが、ついでですから書いてしまうと、私は小学校高学年の頃から中学校入学時の頃にかけて、かなり年上の相手（四つ年上で私の長兄と同級生）に、全く理不尽な目に遭っていたことがあります。『おまえの兄貴〝ドロボー〟やろうが。今どっかの少年院に入っとるんやろう』と意地の悪い顔つきで言い出したのです。私はすぐに『兄ちゃんのことを馬鹿にしている』と気づき、それからは一言も答えず相手にせず歩き始めました。しつこくその相手は兄のことをあれこれ言いながら後ろからついてきたので、私はムッとして立ち止まり、にらみつけました。それがよほどカチンときたらしく、私はその大人同然の体格をした相手から思いっきり頭をゴツンと叩かれました。それでもにらみ続けたので、更に2度3度叩かれました。そして、その後ずっと長い間、道で会う度、叩かれたり、離れぎわに石を投げつけられたりしました。／イヤーな思い出なので言いたくはなかったのですが、先生に尋ねられたので、何故か書いてしまいました。私は何故か先生に尋ねられると、今までほとんど話してこなかったことまで話してしまうみたいです。先生が『相手を話す気持ちにさせるには先ず相手を受け入れる』という技の達人？　だからかもしれません。でも、不思議とこうやって文章の形で全て書き切ってしまうと、何かスッキリしたような気にもなります」

「上級生から受けた暴力」の書き出しを読むと、やはり高山は誰にも悩みや苦しみを言えず抱え込んでいたことが分かります。言えない理由は、「そんなことを人に訴えるのは恥ずかしい」「弱い子と思われたくない」です。高山の理由は、いじめを受けたことを誰にも言えない今の子どもたちのそれと変わりありません。今の子どもたちもいじめを受けた事実を言うのを恥ずかしく思い、また弱いと思われたくないのです。親からしっかりした「しつけ」を受けた子どもほど、「しっかりしないといけない」「弱音を吐いてはいけない」「強くならないといけない」と思って、言えなくなるのです。私たちが「当たり前」と思ってしている「しつけ」が子どもたちの心を苦しめる場合があることを知っておかないといけません。

高山の場合、貧困が大きく影響しています。親が苦労している姿を見ていると、子どもは「親に今以上に迷惑をかけてはいけない」と「いい子」になります。そのうえに兄が少年院に入院したことも高山の「いい子」の面を強化しています。「お兄ちゃんは少年院に入ってしまった。せめて、僕だけでもまじめにしよう」と思うのです。実際、高山は「私から数学教師へ」で、「僕自身は、兄とは関係なく真面目にそれまでやってきたのに……」と書いています。高山は、おそらく「自分は兄とは違う」という思いを強く持って、明るく元気に振る舞っていたのでしょう。プロフィールにあった「活発でクラスの人気者」だった理由は、ここにあると思われます。

二つの高山の文章を通じて重要なことは、高山が「不思議とこうやって文章の形で全て書き切ってしまうと、何かスッキリしたような気にもなります」と書いていることです。誰にも言えなかったことを表現できると、心の奥底に閉じ込めていた否定的感情が外に出ます。だから山本同様、高山も「スッキリした」気持ちになったのです。心のなかを覆っていた否定的感情を一つひとつ外に出すことによって気持ちが楽になり、少しずつ内面の問題に近づいていきます。

謝罪文だけが「罪の償い」を表す言葉なのか？

私の授業を受ける受刑者は、皆殺人（殺人未遂と傷害致死を含む）を犯しています。したがって、「被害者への手紙」を書くことも求めます。ただし、私の場合は、「自分が社会に出てから、どのように生きていくのかを被害者に伝える手紙」という条件を付けます。単なる反省文にしたくないからです（結果的に反省文になることが多いですが）。

これまで私は多くの受刑者が書いた「被害者への手紙」を読んできましたが、高山が書いた手紙ほど複雑な心境が記されたものはありません。

「私から被害者へ」

「『被害者への手紙』というテーマを与えられましたが、正直に言って私にはまだ心の整理はついていません。すでに十数年の年月が経っていても私のなかではいつまでも消えない、つい昨日起こしてしまったような出来事なのです。あまりにもひどい出来事で、現にもう娘はこの世に存在していません。自分自身がめちゃくちゃな心理状態に陥っているとき、ひどい事件を起こしてしまい、いまだに私は自分という人間がわからなくなってしまいます。人間と呼べる存在ではないのでは？　とさえ思ってしまいます。ですから私はどうしても被害者への手紙は書けません。書く資格すらないと思います。心のなかを整理してもう一度自分の人生を生きるというにはあまりにもひどい事件であり、その行為を私自身がやってしまったのです。（中略）明子（仮名）という娘は、あまりにも私の身近に居ました。その性格や好き嫌い、望んでいたこと、目指していたこと、いろんなことを知っています。その全てを、結果として私自身が消し去ってしまったのです。家族も同然、私自身の分身、ずっとそんな風に心のなかで思っていた相手なのに……。今さらどうやって明子に対して手紙が書けるでしょうか？　あの娘の心のなかは、生きていたかった。死にたくなんかなかった。もっともっといろんなことをやりたかった。夢である歌手やタレントになりたかった。楽しいことをたくさんやって、おいしいものをたくさん食べて、思いっきり遊んで、思いっきり旅行もして、そんなことで一杯でした。そんな思いの全てを私が奪ってしまったのです。私には明子への手紙は書くことが出来ません。明子の魂や心は、今もこの世のどこかに、おそらくは今もなお、とどまっていると思います。『生きていた』人間が、あるとき突然にその命を絶たれたりすれば、とても成仏などできないのではないでしょうか？　私がずっと心のなかにやりきれない思い、あまりにも哀れすぎるという思い、そんな気持ちを持ち続けているのもそんな感じ方からなのです。私には『明子への手紙』を書くことは出来ません。申し訳ありません……」

自分が殺めた被害者に対して、「本当に申し訳ありませんでした」と謝罪する文章なら、言い方は悪いですが、誰でも書けます。しかし高山はそれさえも書くことができないと正直に吐露しています。高山の文章を読むと、命を奪われた被害者の立場になり切って、娘の無念な思いをつづっているのが分かります。高山の文章を読んで、「被害者に対して、ちゃんと謝罪しなさい」と思われる方がいるかもしれません。もちろん謝罪する気持ちも持たなければいけません。しかし被害者に謝罪する言葉を「型通りに」百回も千回も書くより、本当の気持ちを素直に書くことの方が大切だと私は考えています。自分の起こした事件が一生かけても償うことができない「やりきれない思い」を抱きながら残りの人生を生きることが、高山の「罪の償い」になることが文面から伝わってきます。

すべての授業を受けた後、高山が書いた最後の文章を以下に記します。ちなみに最後の授業は、第2章でも触れた「公開授業」でした。他施設から来た法務教官や刑務官たちの前で授業を行いました。

原点は幼少期の母親の言葉

「すべての授業を受けて」

「先生、短い期間でしたが本当にありがとうございました。授業の内容のみにとどまらず、個人的なことまでいろんなことを教えていただき、本当にありがたかったです。先生が常にありのままに自然体で生きておられる方なので、一つひとつの言葉にも説得力があって、真実味もあって、私のように普段どちらかと言うと『人間不信』の傾向にある者でも素直に話を聞くことができました。私は今までの人生のなかで『心を開けば、心を許せば、いつの日かその人に逆に裏切りにあって、より心を傷つけられることになる』という思い込みが強くあって、なかなか人に心を開けなかったのです。形式的な説教をしてきたり、常に上から目線で話しかけてくるような人たちばかりが、私が過去に関わってきた人たちですので。先生にはそのような所がなく、いつも本音を語ってくれますし、わからないことはわからない、そんな風に正直に答えてくださいました。／今回の授業、当然かなりの緊張がありましたが、途中からは不思議といつも通りの雰囲気に何故か近付くことが出来たみたいです。先生が周囲の方たちの視線など全く気にしていない様子でしたので、知らず知らず私たちもいつものような状態に近付けたのだと思います。よく考えれば、別に人が居ても居なくても、私は私でしかないし、それ以上でも以下でもないんですよね。第三者の視線を必要以上に気にする必要もないでしょうし、先生のように『自然体』『あるがままの自分』で何事にも臨めば何も問題はないと私も改めて気づかされました。これからも出来るだけ、そう努めようと思います。（中略）

／これまでのノートには書かなかったのですが、私の母は子どもの頃から『頑張れ。やり直せ。負けたらダメだ』そんな言葉ばかり聞かされ続けていました。小さい頃からずっとそうだったと思います。その結果として、結局、自分で自分にプレッシャーをかけ、自らを追い込んでしまうようなことになっていたのかもしれません。これまでノートには書かなかったのですが、私の母はかなりプライドの高いタイプの人で、私自身にも子どもの頃から『弱音は吐くな！　男ならグチや泣き事は言うな！　人に負けるな！　父のようにだらしのない人間になるな！』というようなことを繰り返し口にしてきました。子どもにとって親は絶対であり、私も知らず知らずそれが『男』だと自らに言い聞かせるようになっていました。結果として、人に相談しない、弱音を吐かず一人で耐える、ギリギリのところまで自分だけで頑張る、というタイプの人間になってしまったようです。もっともっと早い段階で『一人だけで考え込んだり耐えようとしたりしないで、良い意味で人に頼る、人に相談したり悩みを聞いてもらったりする』ということを知っていれば、今回の事件も起こさなかったかもしれません」

冒頭に私に対する褒め言葉が書いてあるので恐縮しますが、あえてそのまま載せました。ここには支援者にとって必要なことが書いてあると思ったからです。高山の言葉を借りれば、「自然体」です。高山は自分のことを「『人間不信』の傾向にある者」と書いてありますが、受刑者の大半は人間不信です。なぜなら、受刑者は人に傷つけられているからです。人に傷つけられているから、心を開けないのです。だから、人に傷つけられない体験をしないといけないのです。「ありのままの自分」を解放して、ありのままを受け止める支援者が必要なのです。そのためには、支援者は「自然体」でなければなりません。

受刑者は、目の前にいる人が「どういう人なのか」を過剰に観察しています。上から目線の人には絶対に心を開きません。受刑者は、確かに犯罪者です。しかし支援をするとき支援者は、受刑者を「犯罪者」とみるのではなく「一人の人間」として「対等な目線」で接しないといけません。対等だから、お互いに本音が言えるのです。本当のことを言わないと（書かないと）、気づきは得られません。そして、気づきが得られないと、人は変われません。

高山は、私を通じて「自然体」であることを学びました。そのとき、高山の「自然体（＝ありのままの自分）」に母親からの刷り込みがあったことに自ら気づきました。人に頼れなくなった原点に気づくことによって、自分の価値観が変わることが期待できます。

固い決意や反省の心も必要です。しかし何より自分が罪を犯すに至った原点をみないかぎり、生き方は変わりません。生き方が変わらないと、再び犯罪を起こす環境を自らつくっていく可能性があります。そのとき固い決意や反省の心が薄れていることに本人は気づくことはありません。そうして過ちは繰り返されるのです。

第4章 「つらい過去」に蓋をしてはいけない

自分自身と向き合っていない酒井法子

酒井法子さんが自分の内面と向き合っていないことがはっきり分かる文章が、酒井さんの著書『贖罪』（朝日新聞出版）のなかにあります。以下の文章です。
「わたしの場合は、もともと人の顔色を窺いながら生きてきて、誰にでも心を開いて話せる性格じゃなかった。そこへ、夫とふたりで重大な問題を抱え込んだ。誰かに言いたかったけど、誰にも相談できなかった。いろいろな人の顔を思い浮かべたけど、とても口にはできなかった」（209~210頁）（傍点筆者）
この文章を読んで、私は三つの問題点を指摘します。まず「もともと」です。「もともと」という言葉は、「生まれながらに」と捉えることができます。人は皆、最初は赤ちゃんです。人の顔色を窺う赤ちゃんなど存在しません。だから、酒井さんはなぜ人の顔色を窺うようになったのかを考えないといけません。

次に、「誰にでも心を開いて話せる性格じゃなかった」という一文です。「性格」と書いてしまうと、「もともと」と同じで、生まれながらに持っていた「行動パターン」となってしまいます。なので、「性格」と捉えてしまうと、それ以上自分自身のことを掘り下げて考えなくなります。

最後は「誰かに言いたかったけど、誰にも相談できなかった」ことです。もし私が酒井さんと面接してこの言葉を聞いたら、「なぜ相談できなかったのでしょう?」と問い返してみます。予想される回答は、きっと「性格だから」となるでしょう。これでは、堂々巡りです。『贖罪』のどこを探しても、明確な理由は記されていません。したがって、酒井法子さんは「重大な問題」を抱え込んだ自分自身のことをまったく理解していないことになります。しかし回答はちゃんと本文中にあります。自分で書きながら、酒井さん自身が気づいていないだけです。

スピリチュアル・カウンセラーであるウィリアム・レーネンは、酒井法子さんに次のように助言しています。

「輝く未来を創造するためには、ネガティブな過去から自由になることが大切です。そのための簡単なコツは、『なぜ？』を考えるのをやめること。

『なぜ、こんなことが起きたのか？』

『なぜ、あんなことをしてしまったのか？』

『なぜ、ああならなかったのか？』

人は誰しもこうした思考におちいりがちですが、論理的な理由を探し続けているかぎり、その人は過去に生き続けてしまいます」（『レーネンさんから学んだ「つらい過去」を手放す方法』主婦の友社　２０１３年、67頁）

そして、レーネンとの対談のなかで、酒井さんは次のように書いています。

「レーネンさんがおっしゃるように、過去は振り返っても――本当に今、何かプラスになることがあるだろうかって考えたら――どうでしょう？

いい思い出は振り返っていいと思うんです。でも、つらい出来事を振り返って『いつまでもクヨクヨしていてもしかたなくて。前を向いて、一つひとつ、感謝の気持ちを持って進んでいくしかない』って」（同書、21～22頁）
酒井法子さんの言葉は前向きな気持ちを伝えています。この気持ちを持つことは大切です。しかし、これが「つらい過去」とちゃんと向き合った後に出た言葉でないと、この気持ちは一時的な効果しか得られません。「つらい過去」を振り返ることは、「過去に生き続けること」ではなく、「現在、そして未来を生きる」ために必要なのです。このままでは酒井さんは、「事件を起こしたときの自分はダメ」という考えを持つことになります。自分の過去の人生のなかで「ダメな自分」をつくってしまうと、心のどこかで常に「自分を否定している気持ち」を残します。本当に「ネガティブな過去から自由になる」ためには、過去と向き合い、「ダメだったときの自分自身」を受け入れることです。
酒井さんは、「つらい過去」は「事件を起こしたとき」と考えているでしょう。確かに事件が発覚したときが人生で最もつらい時期であったのは間違いありません。しかし事件を起こしたときの「つらい過去」の背景には、幼少期における「つらい過去」があるのです。そこに目を向けないかぎり、事件のときの「つらい過去」は手放せません。「意地悪な捉え方ではないか」との批判を受けるのを覚悟のうえで、私は三つのことを指摘しました。「誰にも心を開けない」とか「誰にも相談できない」という生き方は、犯罪につながる最大の要因です。そして「人の顔色を窺うこと」はストレスにもなります。だから、なぜそうなったのかを理解しないといけないのです。自己理解を得ないまま、ただ前向きに生きようとするのはとても危ういことです。

なぜ誰にも相談できなかったのか、なぜ人の顔色を窺うようになったのか、必ず幼少期に答えがあります。そこと向き合うことから始めないといけません。そうでないと、酒井さんは同じ過ちを繰り返す可能性があります。なぜなら、彼女の基本的な価値観は、犯罪を起こす前も今も、ほとんど変わっていないからです。さらに言えば、酒井さんは覚醒剤の再犯者が陥る典型的なパターンなのです。その解説から始めましょう。

覚醒剤の再犯者が陥る典型的なパターン

2009年8月8日、酒井法子さんが覚醒剤取締法違反の容疑で逮捕されました。同年11月、酒井さんは懲役1年6ヶ月、執行猶予3年の有罪判決を受け、控訴することなく刑が確定しました。その後、２０１２年11月23日に執行猶予期間が終了し、現在は芸能界に復帰しています。

アイドルとしてデビューし、「のりピー」という愛称で多くのファンに親しまれた酒井法子さんは、明るく元気な少女として、私たちに元気を与えてくれました。とくに20代前半に酒井さんが出演した『ひとつ屋根の下』（フジテレビ系ドラマ１９９３年放送）や『星の金貨』（日本テレビ系ドラマ１９９５年放送）などを観て、彼女の迫真の演技に感動した人は多いでしょう。なかでも『星の金貨』では主演を務め、主題歌となった「碧いうさぎ」は自身初のミリオンセラーとなり、デビュー9年目にして紅白歌合戦にも出場しました。

27歳で結婚・出産してからは、「ママドル」として活躍の場を広げました。海外にも多くのファンがいる酒井法子さんは、30代になっても明るく元気な女性として、常に私たちの心を和ませてくれる存在でした。そんな酒井さんが覚醒剤に手を染めたのです。「明るく元気なキャラクター」と「覚醒剤の使用による犯罪」とのギャップがあまりにも大きかったため、酒井さんの事件は日本中を騒然とさせました。

事件後、保釈された2009年9月17日、酒井法子さんは東京都内のホテルで謝罪会見を行いました。そして、翌年の2010年暮れに『贖罪』を出版しました。出版した目的として、酒井さんは『贖罪』の「はじめに」に「つらくとも事件の記憶と正面から向き合い、今のわたしに伝えられる限りのことをきちんと説明するべきだと考えるようになりました」(6～7頁)と書いています。

しかし後で詳述するように、『贖罪』を読むかぎり、酒井さんは事件にも、そして自分自身にも向き合っていないのが分かります。事件については謝罪の言葉と固い決意を繰り返すだけです。そして幼少期からの自身の過去をつづっていますが、再犯しないために必要な「何か重大なこと」に気づいていません。

さらに、芸能界に復帰した2013年10月に、『レーネンさんから学んだ「つらい過去」を手放す方法』を刊行しました。先に述べたように、この本には前向きな言葉がたくさんつづられていますが、酒井さんは「つらい過去」と向き合っていません。ただ手放しているだけです。本章では、「つらい過去」と向き合うとはどういうことなのかを解き明かしていきます。

覚醒剤使用の受刑者を多くみてきた私の経験から言うと、これまでの酒井法子さんの文面（謝罪会見を含む）には、覚醒剤の再犯者が陥る典型的なパターンが読み取れます。『贖罪』は、謝罪会見をさらに詳細にした内容と、幼少期から芸能界にデビューし事件を起こすまでの経緯をつづった「自叙伝」の２部構成となっています。
謝罪会見で語った言葉と同様、酒井さんは覚醒剤を使用した理由を『贖罪』に次のように書いています。

「わたしは本当に弱い人間だった。よく分かってはいるつもりだったけど、自分が思っている以上に弱い人間だったことを、今回の事件を通じて思い知らされた。／傷ついてズタズタになる前に、きっぱりとやめられる強さが欲しかった。わたしにはそれがなかった。／どんな状況で巻き込まれたとしても、どんな人に誘われたとしても、実際にやるか、やらないかを決めるのは、自分自身でしかない。途中でブレーキをかけて、Ｕターンをすることだって、自分の判断でできるチャンスはあった。わたしには、そう実行する強さがなかった」（１８７頁）

「自分が弱かったから」という言葉は、覚醒剤使用の受刑者からよく聞く言葉です。酒井さんも、覚醒剤に手を染めた理由として、「弱い人間」だったことを強調しています。そして、「弱い人間だった」→「『強さ』が欲しかった」「強さがなかった」と考えています。この考え方は一見「当たり前」のように思われるかもしれませんが、犯罪心理の視点から言うと、非常に危険です。「弱い人間だった」から、「強い人間」になろうと考えるからです。

では、「強い人間」になろうと考えることがなぜ危険なのかと言うと、「強い人間」になろうとすることは、「しんどいことがあっても、弱音を吐かない」「しっかりしないとダメ」「我慢しないといけない」といった価値観を持つことになるからです。こうした価値観は、もちろん必要ではありますが、見方を変えると、しんどいことがあっても元気に振る舞ったり一人で悩みを抱え込んだりして、ストレスをため込み、自らにプレッシャーをかける生き方になります。

確かに、覚醒剤を使わないためには、我慢しないといけないのですが、「いい我慢」ができないと続きません。「我慢」している姿と「抑圧」している姿は、表面上は同じに見えます。しかし心のなかはまったく違います。「悪い我慢」は抑圧になります。それが爆発（＝犯罪）を引き起こすのです。これが再犯に至るパターンです。だから、

「いい我慢」をしないといけません。酒井さんは「悪い我慢」をしているのです。

「いい我慢」ができるには条件があります。自分の「しんどさ」を解放することです。具体的には、人に甘えて、人に頼って、弱い自分を人にみせられて、しんどさを吐き出し、自分が弱い人間であることを認めるのです。そして「ありのままの自分」を受け入れるのです。

私たちは、「我慢できることは、良いこと」と思い込んでいないでしょうか。我慢することだけを求めると、抑圧になります。第２章で述べたように、学校で子どもたちが授業をちゃんと受けられるのは、休み時間や昼休み、放課後などに友だちと騒いだりふざけたりして心を解放しているからです。家が「落ち着ける場所」であれば、子どもは家で「エネルギー」を蓄えられるので、毎日元気に学校に行けます。しかし家でも親から「ちゃんとしなさい」「行儀よくしなさい」「だらしないことをしてはダメ」などと言われると、子どもは家でも緊張することになります。そうすると、心身ともに疲れ切ってしまいます。家でダラダラすることは、学校に行けるエネルギーを蓄えていることなのです。家が子どもにとって「安心してくつろげる居場所」であるから、子どもは元気に家の外に出ていけるのです。大人も同じです。家で心身ともに休めるから、仕事で頑張れるのです。

「固い決意」はあてにならない

もう一つ、酒井さんの危険な考えがあります。次の文章をみてください。
「いろいろな人が心配してくれている。わたしがまた薬物に手を出しちゃうんじゃないかと。わたしが言うのは説得力がないのかもしれないけれど、自分の中では、それは絶対にありえないと確信している。／薬物の再犯率が高いということも学んだし、目の前に薬物を出されたら使っちゃうと見られていることもわかった。それでもなお、たとえ薬物を差し出されても、もう二度と手を出すことはないと、わたしは誓って言える」（210頁）
繰り返し述べてきた、「もう二度と（覚醒剤に）手を出すことはない」という「固い決意」です。覚醒剤にかぎらず、窃盗であれ、殺人であれ、大半の受刑者は出所時に「絶対にやりません」「二度と刑務所には戻ってきません」と言います。しかし私は受刑者が言う固い決意をまったく信じません。固い決意も、それだけでは抑圧になるからです。出所した受刑者が固い決意を口にすると、その言葉を聞いた人は「絶対、やるなよ。今度手を出したら、タダではすまないからな」となります。そうすると、しんどいことがあっても、当人は誰にも悩みや苦しみを口にすることはできなくなります。

言い方は悪いですが、刑務所にいる間に受刑者は、何も考えない（自分と向き合わない）から、出所のときは「二度とやりません」としか言えないのです。固い決意を述べる受刑者に、「これからどう生きていきますか」と尋ねれば、何も考えていないから彼らは「とにかく頑張ります」としか答えられません。

「頑張ります」という言葉が出たら、「どう頑張るのか」を確認する必要があります。危ないのは「一人で頑張っていきます」「誰にも頼らず生きていきます」といった言葉です。一人では頑張り続けられないのです。「誰かに支えられている」と思えるから、頑張る気持ちが生まれるのです。受刑者はもちろんのこと、普通に暮らしている私たちも、他者とつながりながら頑張る気持ちを持たないと、いつか倒れてしまいます。

本当に更生が期待できそうに思える受刑者は、固い決意を言いません。「不安」を口にします。これこそ、本音です。受刑者にかぎらず、本気で生き方を変えていこうと思う人なら、誰もが不安を感じるものです。「不安なんて言っていてはダメじゃないか。しっかりしろ」などと正論で返すと、受刑者は固い決意を言わざるを得なくなります。固い決意と反省を繰り返すことで、人はどんどん悪くなっていくのです。
本当に人に頼って生きていけるのか、苦しいときに誰かに助けてもらえるように行動できるのか、弱音を吐ける仲間をみつけられるのかといった、刑務所に入る前と違った価値観で出所後の人生を生きていけるのか、不安に思うのが当たり前です。「固い決意」よりも「不安」を感じる方が更生は期待できます。

薬物に手を出したのは「必要だったから」

酒井さんは、初めて覚醒剤を使用したときの状況を次のように書いています。
「わたしが偶然に夫の営みを見つけて、居心地の悪い夫がわたしに薬物を勧めてきた。／あのとき、薬物は絶対にダメなんだって拒絶できていれば、本当によかった。でも、『やってみる？』と勧めてきた人が、わたしのそばにいて、いちばん信頼している人だった。大事に思っている人から勧められたことが、危険な薬物を安易に受け入れてしま

う理由のひとつだったと思う」（178頁）

文中に「安易に」と書いていること自体が、安易です。

人は、誰もが孤独になることが怖いのです。とくに多くの受刑者は、幼少期に強烈な孤独を体験しているので、孤独になることを一番に怖れて危ない関係でも続けてしまいます。酒井さんは夫のことを「いちばん信頼している人」「大事に思っている人」と書いていています。本当にそう思っていたのなら、酒井さんには、「断ると夫が離れていくかもしれない→ひとりぼっちになることが怖い」という心理がはたらいていたのかもしれません。そうであるならば、覚醒剤は夫との関係をつなぎ止めておくためには「必要」であったという見方ができます。

さらに、注目したいのは、次の文章です。

「軽い気持ちで、自分の弱さゆえに手を伸ばした。日々のストレスから薬物へと逃げ込むうちに、やめられなくなっていった。いけないことだと頭では分かっていても、どれだけ悪いことなのかを想像できていなかった」（189頁）

「日々のストレスから薬物へと逃げ込む」という一文は見逃せません。これまで述べてきたように、「逃げ込む」のではなく、「日々のストレスを紛らわすためには、そのときの酒井さんにとって薬物は必要だった」という捉え直しをしないといけません。逃げたのではないのです。必要だったから「自ら選択した」のです。厳しい言い方ですが、罪を犯した者は、その行為を「自分の意思で行った」と認めないといけません。それが、自分が犯した罪と向き合うことです。
それでは、酒井さんのストレスとは、いったいどんなものだったのでしょう。彼女は次のように記しています。

「家庭の生活が荒《すさ》み始め、連日、寝坊をしたこともあった。息子の朝食を作ることができず、学校に遅刻させたこともあった。夫の親に息子を預ける頻度が増えていた。母との距離も、以前より開いていた。自分の現状に後ろめたいという気持ちがあったのかもしれない。／自宅は散らかっていることが多くなった。頑張って片付けているつもりなのに、気づいたときには物が散乱している。一生懸命に掃除した部屋がすぐ崩れていくのを見て、いつも落ち込んでいた。そのたびにまた夫とケンカになった。／夫とのケンカと、生活の荒廃と、薬物の使用と、どれがどんな順番で始まって、どのように深まっていったのかは分からない。ただ、薬物を使っていた時期に、ただでさえ悪かった夫婦関係や生活状況が、さらに悪くなっていったことは間違いない」（１８３頁）
まず子育てのストレスが記されています。後で詳細に述べますが、酒井さんは厳しいしつけをした二番目の義母と「長く付き合うことになる三番目の母（79頁）」の影響を強く受けています。厳しいしつけは「しっかりしないといけない」「何事もきっちりしないといけない」といった価値観を酒井さんに植え付けたでしょう。そうであれば、子育てがちゃんとできない自分自身を責めていたに違いありません。だからと言って、彼女は「誰にでも心を開いて話せる性格」ではありません。一人で悩みや苦しみを抱え込んで、どんどんストレスがたまっていったことでしょう。
また、酒井さんには部屋が散らかっていることがかなりのストレスになっていたことがうかがわれます。私は酒井さんが神経質なくらい几帳面できれい好きだったのではないかと推測しています。理由は「長く付き合うことになる三番目の母」の影響です。酒井さんは、三番目の義母のことを「美人なうえに、きれい好き。父親もきれい好きで、部屋はいつも片付いていていた」（79頁）と書いています。二番目の義母の厳しいしつけに、三番目の義母の「きれい好き」が加わって、酒井さんは「いつも部屋がきれいでないと気が済まない」完璧主義的な考え方を持っていたのではないかと思われます。それだけに「一生懸命に掃除した部屋がすぐ崩れていく」様子を目の当たりにして、当時の酒井さんは、私たちが想像する以上に、どうしようもないイライラした気持ちと無力感、そして自責の念さえも強めていったと想像できます。

こうした酒井さんのストレスに、夫（高相祐一氏）の性格が拍車をかけます。酒井さんが芸能界にデビューした当時から長年担当記者を務めている渡邉裕二は、高相氏のことを「ろくに仕事をしたこともないお坊っちゃんだ。実際、結婚してからもほとんど収入がなく、芸能人として活躍する酒井に頼るヒモ生活だったらしい」（『酒井法子　孤独なうさぎ』双葉社　2009年、154頁）と述べています。おそらく夫はルーズな人だったのでしょう。そうであれば、「少しぐらい散らかっていてもかまわない」という夫の価値観と、「少しでも汚れているのが許せない」という酒井さんの価値観がぶつかっていたことは容易に想像できます。そのうえ夫は「ヒモ生活」をしていました。そんな夫のことを酒井さんは内心では許せない思いを強く持っていたかもしれません。

渡邉は、事件当時を振り返り、「家に戻れば夫は仕事もせずにブラブラしている。挙句の果てにクスリにまで手を出していた。その一方、妻である酒井は生活のために、昼間はバリバリ芸能界で仕事をし、家庭では教育ママとして子どもに尽くしていた。一心不乱に子どものために妻ががんばる一方で、高相は仕事もせずに、遊び呆けていたのだから、ただ呆れるばかりだ。／酒井が抱えていたストレスはこれだけではない。トップアイドルとして第一線に立ち続けなければならないプレッシャーがあったのだ。／酒井は他人に弱みを見せることを嫌い、絶対に家庭不和の愚痴など人にこぼすことはなかった。彼女をよく知る映像制作会社のディレクターが、／『現場などで時折元気がないときがあったので、「何かあったの？」と声をかけたことがあるんだよ。でも、「いえ、大丈夫ですよ」と無理に笑顔を作って答えるだけなんだよね。酒井は自分の弱さや悩みをどんなときも一切見せない。本当に芯の強さを感じるよ』（同書１８５〜１８６頁、傍点筆者）」と述べています。

酒井さんの「自分の弱さや悩みをどんなときも一切見せない」姿は、周囲の人からは「芯の強さ」と映るでしょう。しかしこれはまったくの誤りです。酒井さんの内面を考えれば、「芯は脆《もろ》い」と言うべきです。本当に「芯が強くなる」ための条件は、誰かに心を開いて悩みや苦しみを話して、人からエネルギー（＝愛情）をもらうことです。そうして心はたくましくなる（＝芯は強くなる）のです。

宮本亜門さんと同様、酒井さんも「無理に笑顔を作って答える」という行動パターンを身に付けています。酒井さんはつらくても苦しくても笑っていました。それがストレスになっていることに、過去も、そして今も本人は気づいていないでしょう。

なぜ酒井さんは悩みや苦しみを一人で抱え込んでしまう性格になったのでしょうか。それを知る手がかりは、酒井さん本人が書いた『贖罪』のなかにあります。覚醒剤という「強敵」と手を切るために、酒井さんが本当に向き合わないといけないことです。

人に素直になれなくなった原点

酒井法子さんは1971年に福岡県に生まれました。出生後、両親は離婚しています。しばらく佐賀県にあるお寺で育てられた後、埼玉県に住む父親の姉にあたる伯母に預けられます。酒井さんは自分の両親が別にいることを知らされず、伯母と伯父を両親と信じていました。「本当の家族」と思って生活してきた酒井さんに対して、わずか7歳の小学1年になったとき、突然伯母が「おまえはウチの子じゃないんだよ。本当の父親が引き取りたいと言っているけど、法子はどうしたい？」（68頁）と告げます。酒井さんは「そう切り出されて、わたしの希望を尋ねられた。答えはすぐに出なかったように思う」（68頁）と記しています。そのときの心境を酒井さんは次のように書いています。
「子どもながらに衝撃を覚え、寂しい気持ちを抱え込む一方で、自分の置かれた境遇を冷静に見つめ始めた節もある。自分には別の世界があったんだ。そう受け入れてみると、それまで目の前にあった景色が、どこか違った色に見えてくる。同じ家族と接しているのに、『わたしの家族じゃないから』と身構えてしまうことがあった。さんざん甘やかされて育てられたのに、ずいぶん薄情な切り返しだったかもしれない」（70頁）
この文章のなかに、酒井さんが持っている価値観の原点を読み取ることができます。実の父親が他にいることを突然告げられて、「衝撃を覚え」ない子どもはいません。しかも、まだわずか7歳のときです。強烈な悲しみや寂しさ、怒りといった複雑な感情が彼女の心を苦しめたことは容易に想像できます。せめて、そうした苦しみを誰かに吐き出し、受け止めてもらえたら、彼女の生き方は変わったかもしれません。「すごく泣いたと思う」（68頁）と書いてありますが、文面からは誰かに受け止めてもらえたとは記されていません。レーネンとの対談のなかで、このことに触れた酒井さんは「子どもなりに時間をかけて受け止め、考えて」（『レーネンさんから学んだ「つらい過去」を手放す方法』90頁）と書いています。悲しみや苦しみ、怒りといった否定的感情を一人で受け止めることはできません。受け止める「他者」が必要です。誰かに否定的感情を吐き出して受け止められたとき、悲しい事実を受け止められるのです。それなのに、このとき酒井さんは一人で「受け止め」る術《すべ》を身に付けたのです。それは、本当の感情を封じ込め、頭で考えて自分を「納得」させるという抑圧的な方法です。

本来なら子どもは一番つらいことを親に訴えます。しかし問題が出生に関することだけに、親（伯父と伯母）には言えません。こんな悲しい現実を、わずか7歳だった少女は「一人で抱え込」まざるを得なかったのでしょう。本当はつらいので避けて通りたいことですが、事件を起こした酒井さんが向き合わないといけないのは、このときに封じ込めた否定的感情なのです。

7歳という時期は、普通なら天真爛漫に過ごせる頃でしょう。そのときに突然、「私たちはあなたの本当の親ではない」と告げられたら、どんな気持ちになるでしょうか。少なくともその瞬間から、本当の両親と思っていた伯父と伯母に対して、子どもながらによそよそしくなってしまうでしょう。そうなると、居場所であったはずの家なのに、その家にいることが居辛く感じてきます。酒井さんは「『わたしの家族じゃないから』と身構えてしまうことがあった」と書いています。身構えてしまうのも当然です。そして、これこそ酒井さんが「人に素直になれなくなった（頼れなくなった）原点」です。

罪悪感を持つと「いい子」になる

もう一つ、この文章には見逃せない重大な内容が記されています。「さんざん甘やかされて育てられたのに、ずいぶん薄情な切り返しだったかもしれない」の一文です。「薄情な切り返し」とあるように、酒井さんは家族に対して素直になれず「身構えてしまうこと」で、罪悪感を抱いていることが分かります。「甘やかされて育てられた」とも書いてあることから、酒井さんは伯父と伯母に「大切に育てられた実感」を持っていたでしょう。だからこそ、自分の気持ちが素直になれないことに対して、子どもながらに「悪いことをしている」と思っているのです。

本当は、「私の両親は他にいた！」「実の両親に捨てられていた！」「どうしていいか分からない！」「悲しくてたまらない！」などと言って、誰かに悲しみ、寂しさ、苦しさを思い切り泣き叫びたくなるでしょう。それが、当たり前の感情です。子どもだから、なおさらのことです。それなのに、彼女は、以前と同じように振る舞えないことに申し訳なさを感じているのです。否定的感情を出すどころか、罪悪感でそれを封じ込めたのです。

子どもが罪悪感を持つと、必然的に子どもは「いい子」になる生き方を強いられます。「悪いなあ」という気持ちを持つからです。「悪いなあ」と思うから、「いい子にならないといけない」と子どもは考えます。「いい子」になるスタート地点です。

それだけではありません。酒井さんは「それまで娘と同然に育ててきたわたしが、いきなり気持ちを切り替えて離れていくのは辛かったのかもしれない」（70頁）と自分の悲しみよりも伯父と伯母のそれを優先させています。子どもが傷ついてしんどい思いをしているのに、逆に大人を心配しているのです。自分の心の痛みよりも他者（大人）の心の痛みの方をつらく感じています。「他者のことを考えられるなんて、子どもながらに偉いではないか」との声が聞こえてきそうですが、これが非常に危険なのです。子どもなのに、子どもらしくないからです。無意識のうちに、大人の振る舞いをしているのです。自分の心の痛みよりも他者の痛みを優先させる考え方は周囲から評価を得られますが、見方を変えれば、自分のこと（自分の心、ひいては自分の命までも）を軽んじる生き方になってしまうことを忘れてはいけません。

「いい子」の面を強化した父親と義母

結局、酒井さんは、小学2年になってから、父親のいる福岡に移り住むことを選びます。本当の父親と、その再婚相手である義母と、赤ちゃんだった新しい弟といっしょに住むことになります。まず、この段階で二つのことを押えておかないといけません。

一つは本当の父親に対する感情です。「本当の父親と住むことになって良かったではないか」と考えるのは短絡的です。言い方は悪いですが、父親は「一度は酒井さんを捨てた」のです。本当の父親と分かるまで、父親は「ときどき家に顔を出すおじさん」（70頁）という存在でした。心の奥底には憎しみの感情もあったかもしれません。本当の父親がいると分かったとき、酒井さんが「なんで、私を捨てたのよ！」と激しく怒りを吐き出せれば、悲しみや憎しみの感情は薄れたかもしれません。しかし後の文章を読んでも分かるように、酒井さんはそうした感情を吐き出すことはしていません。もちろん一度は自分を捨てた父親であっても「親」ですから、「愛されたい」と思うのも当然です。酒井さんは、父親に対して、「愛されたい」思いと否定的感情という、二つの相反する感情を抱き続けたでしょう。だから、当時の酒井さんは、かつては「おじさん」だった父親にどのように接したらいいか分からなかったでしょう。

実際、父親が交通事故で亡くなった後、酒井さんはこう吐露しています。「わたし自身も、どこか心の中に、父親を認めていなかったり、怖がっていたりするところがあったんだと思う。本当の親子なのに、心にわだかまりを抱えながら、あまり素直にはなれなかった。その点は、わたしも父親に対して、ごめん、と申し訳ない気持ちを抱えている」（127頁）と。この文面を読むと、酒井さんは父親に対して本音を話さ（せ）なかったことがはっきりと分かります。問題は、本音を出せなかった自分に対して抱いた感情です。

幼いときに自分を捨てた父親に対して、酒井さんが素直になれなかったのは当たり前のことです。当たり前のことなのに、逆に酒井さんは素直になれなかったことを謝罪しています。しかし謝らないといけないのは、父親の方ではないでしょうか。父親は「法子が生まれたとき、どうしても手放さないといけない事情があったんだ。法子を愛していなかったわけではなかったんだ。本当にすまなかった」と少女だった酒井さんに誠心誠意言葉でちゃんと説明すべきです。なのに、酒井さんは自分を責めているのです。ここに酒井さんの危険な「抑圧のパターン」が見て取れます。悲しみや憎しみの感情があるのに、そうした感情を外に吐き出すのではなく、逆に自分が悪かったと考えて、否定的感情を閉じ込める、というパターンです。

父親との関係に加えて注目しないといけないことは、再婚相手である義母の「出現」です。このことも「新しい母親ができて良かった」というような簡単な話ではありません。突然現れた「母親」に対して、素直に甘えられる子どもはいません。「どんな母親なんだろう？」「どうすれば、私をかわいがってくれるだろうか」などと新しい母親に対して、子どもながらに気を遣うのです。酒井さんの「いい子」像がどんどん強化されていきます。

そして、酒井さんにとってよくなかったことは、義母のしつけが非常に厳しかったことです。酒井さんは新しい生活について次のように記しています。

「わたしはこの時期に、子どもながらに大人の顔色を窺うようになった。パパにも、ママにも、なかなか心から甘えることができなかった。ママが厳しい性格だったせいもある。それまで叩かれたことがなかったのに、ママに叱られるときにはビンタが飛んできた」（71頁）

ビンタが飛んでくるようなしつけを受けると、子どもは「ビンタを受けないような『いい子』でいよう」と考えることになります。ビンタと言っても、手を上げる以上、体罰（＝暴力）です。暴力を受けた者は、最初は暴力を受けないように大人の顔色をうかがう「いい子」になります。

その後の生き方の選択肢は二つしかありません。そのまま「いい子」を続けるか、逆に反発して、最悪は非行に走るかです。酒井さんは前者を選びました。すでに「いい子」の道を歩み始めていた酒井さんにとって、それ以外の選択はなかったのでしょう。酒井さんは次のように続けています。

「福岡に来てからは、お菓子もめったにねだらなくなった。何もねだらないのを、ママが『あんた、偉いわね』と褒めてくれる。それが嬉しくて、また我慢してしまう。逆に怒るとおっかないから、怒らせないように気をつける。そうやって大人の顔色を窺うことを、わたしはこの時期に覚えた気がする」（71〜72頁）
「ねだらない」ということは、素直な欲求を出さ（せ）ないことです。そして、素直な欲求を出さ（せ）ないことで、酒井さんは褒められていた（＝愛されていた）のです。
彼女は、素直でないことで愛されている実感を得ようとしていました。これは「条件付きの愛」です。この場合の条件とは、我慢することです。我慢できれば愛されて、我慢できなければ愛されないのです。少なくとも彼女はそう思いこんでいました。本来なら親の愛とは「無償の愛」であるはずです。我慢しても、我慢しなくても、愛情とは与えられるのです。しかし酒井さんにとって、我慢することが愛される条件となり、本人も気づかないうちに人に素直に甘えられない態度を強化していったのです。

危険な「抑圧のパターン」

酒井法子さんの「抑圧のパターン」が「確立」されていく過程をみていきましょう。

酒井さんは、福岡での生活について、次のように書いています。
「福岡でも大切に育てられたのだろうと思う。あとになって思えば、叱られていた理由は真っ当なことばかり。親の立場になってから、ようやく大人の気持ちが想像できるようになる。ましてや実の子どもではなかったわたしに、どんな気持ちで向き合ってくれていたのだろう。ママはママなりに、心を込めてわたしを育ててくれたのだと思う。そのことに心から感謝している」（72頁）
文面の「感謝」という言葉に注目して、この後に続く文章を読んでください。
「子どものわたしにとっては、けっこう辛い季節だった。学校での出来事も、記憶に残っていない。思い出したくなくて、あえて忘れているのかもしれない。何事もうまくいかない。そんなふうに感じることもあった。父親とママの仲も、あまり良くなかったように思う」（72頁）

後の文章の方が、当時の酒井さんの心境をよく表しています。父親に対して複雑な感情を抱き、母親からは厳しいしつけを受けていた酒井さんにとって、本音は、福岡での生活は「辛い季節」だったのです。加えて、後の文章には両親の不和が記されています。第1章の「いい子（B子）」の例で説明したように、両親の仲が良くないと、幼心に子どもはものすごい苦痛を味わうことになります。こうした環境に置かれていたにもかかわらず、酒井さんは「感謝している」と書いています。「いい子」ゆえに、苦しい面は見ないようにして、「親には感謝しないといけない」と思い込んでいるのです。本当は辛くてしんどい時期だったはずなのに、それを「感謝」という感情で封じ込めています。

こうして、酒井さんはますます否定的感情を抑圧することになります。

酒井法子さんの「抑圧のパターン」は、受刑者にもよくみられます。

幼少期に父親から殴られた経験のある受刑者は非常に多いです。父親でない場合でも、養育者（たとえば、祖父母）や施設の職員、教師など、暴力を受けた経験のない受刑者を探すのが難しいくらいです。暴力による身体の傷は、心の傷となっていつまでも心の奥底に残ります。当然、怒りの感情を秘めています。彼らは常に怒りの感情を抱えて生きているので、ちょっとしたトラブルでも大きな怒りを爆発させます。もちろんトラブルの相手は「父親」ではないのですが、幼少期に父親から受けた怒りを成人になった「今、目の前にいる相手」にぶつけているのです。その最悪の結果が殺人です。

「幼少期に怒りを持ったからといって、大人になったのだから、そんなものはとっくに消化しているのではないか」と言われそうですが、事実は逆です。幼いときに受けた傷だからこそ、ずっと心の奥底に残り続けるのです。このことは、受刑者にロールプレイをさせるとはっきり分かります。

幼少期の話題になったとき、受刑者は父親から受けた暴力について淡々《たんたん》と語ります。しばらく話を聴いた後、私は受刑者に「『幼少期の頃の自分』に戻ってください。暴力を振るった父親に対して、もし今言い返せるとしたら何と言いますか」と伝えます。すると、それまで平静だった受刑者は、怒りを露にして「ワレは何でオレを殴るんじゃい！　オレが何か悪いことをしたか！」「お前なんか殺したる！」と怒声を上げます。大声を上げながら涙を流す受刑者もいます。言い尽して平静を取り戻した受刑者に対して、私が「今、どんな気持ちがしますか」と問いかけると、彼らはたいてい「何だろう、この感じ？　すごくスッキリしました」とか「先生、（私の問題は）ここにあったんですね」などと答えます。

父親に対して思い切り怒りを吐き出せた受刑者は、気持ちがラクになるのを実感します。同時に彼らは、自分の内面の問題の「根」は「ここにあったのだ！」と気づきます。人を傷つけてばかりいた受刑者が、原点は自分が傷ついていたことに気づくのです。そのとき自分の心の痛みの存在に気づきます。そうして、被害者の心の痛みも実感を伴って分かってくるのです。

しかし残念ながら、皆が自分の否定的感情を吐き出せるわけではありません。向き合えない受刑者は少なくないのです。彼らは「確かに父親に対して怒りはあります。でも、父親ももう年を取ったから、今さら……」とか「今、父親は面会に来てくれている。自分のせいで父親に迷惑をかけたからなあ」と過去に受けた暴力を不問にし、「感謝の言葉」さえ口にする者がいます。

事件を起こしてしまった後、父親に対して「申し訳なかった」とか「こんな自分でも心配してくれている」と受刑者が考える気持ちは分かります。しかし、だからと言って、そのように考えることによって幼少期に受けた心の傷が相殺されるわけではありません。心の傷は、身体の傷と同じで、外に出さないかぎり消えることはありません。結局、否定的感情を出せないまま出所して、彼らの半数はまた何かのトラブルでカッとなって大きな事件を起こしてしまうのです。

酒井さんは本当の両親ではなかった伯父と伯母に大切に育ててもらっていたでしょう。それゆえに、「親に感謝しないといけない」という考え方を強く持っていたと思われます。確かに親には感謝しないといけないのですが、親から迷惑をかけられたことにも目を向けないといけません。「いい子」でいることを身に付けた酒井さんにとって、親を否定することはとても苦しいことです。しかし、ここを乗り越えないかぎり自分の本当の心の痛みに気づくことはできません。酒井法子さんは、本当はものすごく傷ついていたのです。それもわずか7歳のときに。それをきっかけに人に甘えられなくなった（頼れなくなった）酒井さんは否定的感情をどんどん抑圧させ、長い時間をかけて傷は深くなっていきました。大きくなった心の傷は今も癒されているとは思えません。

価値観のプラス面とマイナス面

結局、酒井さんは埼玉の家が恋しくなり、小学5年生のとき再び埼玉に戻ります。しかし小学校の卒業まで一ヶ月を残し、酒井さんは福岡に転校し、再び本当の父親と暮らすことになります。父親と三番目となる義母の三人暮らしです。

中学に入ってから、義母の勧めで、酒井さんは福岡の中学では「屈指の強さを誇るソフトボール部」（80頁）に入部します。猛烈に厳しい練習に耐え、やがてレギュラーの座を勝ち取ります。酒井さんは「部活がわたしの学校生活の大半を占めた。最低限の体力と、物事に耐える気力とを、わたしは中学のグラウンドで教わった」（84頁）と記しています。部活動によって「最低限の体力と、物事に耐える気力」を学んだと酒井さんは考えています。このことは否定しません。屈指の強さを誇るソフトボール部で、３年間頑張り続け、レギュラーの座を勝ち取ったことは大きな自信にもなったでしょう。

ただ、こうした人並み以上の頑張りを続けられた本当の理由は、幼少期にさかのぼります。苦しい気持ちを一人で抱え込む生き方が、「弱音を吐いてはいけない」「頑張らないといけない」という価値観をつくります。そのうえに、二番目の義母の厳しいしつけが、彼女の価値観を強化しました。だからこそ、「アイドルになりたい」と願い続け、14歳で芸能界に入ってからも、酒井さんは弱音を吐かず頑張り、スターの座を獲得したのです。弱音を吐かず、一人頑張る生き方は、部活動ではレギュラーの座を勝ち取り、芸能界ではアイドルとしての地位を獲得するには必要だったのです。しかし一方で、その生き方が、人に頼れなくなって、覚醒剤に手を出す要因になったことも否定できません。

酒井法子さんが持っていた価値観は、プラスの面とマイナスの面の二つがあるのです。プラスの面は、部活動での活躍と芸能界での成功をもたらす原動力になったことです。一方、マイナスの面は、一人で頑張る生き方が罪を犯す結果を招いたことです。覚醒剤に手を出したのは、「軽い気持ち」とか「安易」とか「自分が弱かった」という理由ではありません。人に素直に頼れなくなって、ストレスをモノ（覚醒剤）で埋め合わせしていたからです。

必要なのは「甘える力」

『贖罪』のなかで酒井法子さんは「いい大人」という表現を数回使っています。
「わたしはこれまで十数回にわたって薬物に手を出してしまいました。嫌悪感を覚えながらも、逮捕されるまで過ちを繰り返していました。絶対にしてはいけないことだと分かりながら、自分から断ち切ることができませんでした。芸能人としてはもちろんのこと、いい年をした大人としても、まるで自覚のない行動だったと深く反省しています」（5頁）

「いい年をした大人が（しっかりした）自覚を持てなかった」という理由で、深く謝罪している文章です。酒井さんは「(大人は）自覚を持った『いい大人』でなければならない」という考えを持っているのが分かります。「いい大人」であることもときには必要かもしれませんが、「いい子」の問題でみたように、「いい大人」でいることは「自分に無理をした生き方」を招きます。夫との離婚に触れた箇所でも、酒井さんは次のように書いています。
「寂しい気持ちはある。息子に対しては、パパとママであることは変わらない。でも、だからこそ、一人ひとりが独立した大人として、親として、きちんと子どもに背中を見せてあげられるような人間にならないといけない」（２１１頁）
文面から、「りっぱな親でなければならない」という考え方が伝わってきます。すでに述べたように、酒井さんには「～ねばならない」という完全主義的な価値観があるのが分かります。「～ねばならない」という価値観は自分自身を追い詰める危険があります。こうした考え方を貫こうとすると、どこかで自分に無理をすることになるので、生きづらさやストレスをもたらします。

酒井さんが「親として、きちんと背中を見せてあげられるような人間にならないといけない」という考えで子育てをすると、子どもも息苦しくなります。そもそも「きちんとした人」は魅力的でしょうか。私にはそう思えません。「きちんとした人」は、何となく堅苦しい感じがして、距離を置きたくならないでしょうか。もちろん「きちんとする」ことも必要ですが、「きちんとしていないときの自分もあっていい」と思うことによって、「きちんとする」こともゆったりとした気持ちでできるのではないでしょうか。ポイントは「きちんとする」ことができないときは無理して「きちんとしない」ことです。

大切なことは、「いい大人」を子どもに見せるように努めることよりも、親である酒井さんが息子に「ありのままの自分」を見せることです。そうすれば、子どもも「ありのままの自分」でいられます。そのためには酒井さんが「つらい過去」を「手放す」のではなく、それと向き合って過去の自分自身を受け入れる必要があります。「つらい過去」と向き合うのですから、その作業は一人ではできません。

「過去を癒す方法」について、レーネンは「結局のところ、自分の過去は、自分で癒すしかありません」（『レーネンさんから学んだ「つらい過去」を手放す方法』１５８頁）と述べています。この考えは非常に危険です。人に頼らない生き方を助言しているからです。人が生きるうえで、傷つかない人生を送ることは不可能です。しかし傷ついた心を癒す人生は可能です。むしろ、傷ついて誰かに癒してもらう人生こそ豊かです。

人は、誰かから必ず傷つけられることがあります。人から傷つけられたことは、人でないと癒せません。酒井さんが必要なことは、人に「甘える力」を身に付けていくことです。それが再犯しないための最強の抑止力となります。

悲しいときは泣いてください

酒井さんは２０１０年（平成22年）12月25日に放送されたＴＢＳ系『情報 7days ニュースキャスター』にＶＴＲ出演しました。事件後初のテレビ出演です。番組はインタビュアーとの会話で進められました。酒井さんは、同年12月３日に出版した『贖罪』と同様、事件当時の胸中を振り返っています。

番組では、インタビュアーから覚醒剤の再犯率の高さを厳しく指摘されますが、酒井さんは毅然として「私に関してはそういうことは二度とないと確信しています」「私は二度と薬物に手を染めることはないと誓います」と断言します。

インタビュアーが子どものことに話題を移すと、それまで気丈に話していた酒井さんの表情が崩れ始めます。涙が流れるのを止められなくなった酒井さんは「子どもに寂しい不安な気持ちを背負わせてしまって、本当に申し訳なかったなって。一番大事にしなければいけない子どもの気持ちをどれだけ疎《おろそ》かにしてしまったのかなって、とても考えさせられました。でもこれからは本当に息子のために私のできるだけのことをサポートしてあげたいと思ってます」と語ります。子どもの話題になって、感情が抑えられなくなったのです。

しかし私は、この話をしているときの酒井さんの表情の変化に気づかずにはおれませんでした。酒井さんは涙を流して語りますが、途中から無理に笑顔を浮かべようとするのです。その表情を観て私は、酒井さんは「人前で泣いてはいけない」「本当の自分をさらけ出してはいけない」という思いを強く持っているように感じました。話し終えると、酒井さんは近くにいたスタッフに一言「ごめんね」と謝罪しました。

無理に笑顔をつくろうとしている姿に私は危ういものを感じます。「『女優』としての意識が高い」という見方もできますが、私はこうした不自然な感情表現は幼少期に身に付けたのではないかと察します。幼い頃につらく苦しい体験をしているときも、おそらく酒井さんは周囲に心配をかけさせたくない（＝迷惑をかけたくない）との思いから、無理して笑顔でいたのではないでしょうか。そうであれば、酒井さんの課題は、悲しいときには泣き、苦しいときはつらいと表現できることです。自分の感情に素直になれることが、酒井さんが健康に生きるために必要なことです。そして、それが再犯の抑止力にもなります。

酒井さんが悲しいときに笑うと、自分の子どもも悲しくても笑う子に育ちます。そんな子どもに育ってほしい親はいないでしょう。

明るく笑う酒井法子さんの笑顔は今でも素敵です。でも、悲しいときには悲しみを素直に表現してください。そうして「いい大人」でいる「荷物」を少しずつ降ろしてください。二度と同じ過ちを繰り返さないためにも。

第5章　子どもの前に、親が自分自身を受け入れる

わがままはダメじゃない

幼少期に、私たちは知らず知らずのうちにいろいろな価値観を取り込んでいます。一番大きな影響を与えるのは、言うまでもなく、親です。親も、子どもの頃に自分の実の親から「しっかりしなさい」「我慢することが大切」「弱音を吐くな」などと繰り返し言われていたら、それらの価値観を鵜呑《うの》みにしているでしょう。そうした価値観が次の世代へと受け継がれていきます。

また、きょうだい関係によって生まれる価値観もあります。これは世代に関係なく起こります。大人になればすっかり忘れているかもしれませんが、幼少期のとき子どもたちは、きょうだい間で「親の愛情を得るための獲得戦争」を繰り広げます。彼らは「お兄ちゃんには負けられない」「なんで妹ばっかり甘やかすの。私は愛されていないのか

な？」と考えて、「勝たないといけない」「誰からも好かれないといけない」といった価値観を持つことがあります。こうして幼少期に刷り込んでいった価値観が、思春期、そして成人以降に生き辛さやストレスを生み出したり、問題行動を起こす原点になったりします。

価値観をたくさん刷り込んでいる人ほど、人間関係がうまくつくれなくなります。なぜなら、自分に刷り込まれている価値観と「反対のことをする人」が許せなくなるからです。「行儀よくしなさい」と言われて育った人は、行儀よくできない人を許せなくなります。また、行儀よくできないときの自分も許せなくなります。「当たり前のことをしなさい」という価値観を持った人は、「できて当たり前のこと」ができない人を見るとイライラします。そして、当たり前のことができないときの自分を嫌に感じます。正しい（と思い込んでいる）価値観をたくさん持っている人ほど、生き辛さを感じたり問題行動を起こしたりするのです。どんな価値観を強く持つかによって、人の悩みや苦しみは変わってきます。例を挙げてみましょう。

幼い頃、親から「わがままを言ってはダメ」「誰からも好かれなさい」と絶えず言い聞かされた子どもがいるとしましょう。すると、子どもは「わがままはダメ」「誰からも好かれたい」といった価値観を持つかもしれません。

学校には、わがままを言う子どもは少なくありません。しかし「わがままはダメ」という価値観を持っていると、わがままを言って困らせる子どもを見ると、許せない気持ちになります。わがままを言う姿を何度も見ているとイライラするようになり、ついには怒りの感情が出てきます。わがままを言う子どもに対して「あんた、いい加減にしなさいよ。皆、困っているのよ！」と激しい怒りをぶつけます。それがエスカレートすると、いじめに発展していきます。

さらに、このケースの子どもで考えると、「わがままはダメ」という価値観に加えて、「誰からも好かれたい」という価値観も持っているので、複雑な感情を抱くことになります。子どもは「わがままはダメ」を理由に「人をいじめている自分自身」に嫌悪感を持つのです。「私は誰からも好かれたいのに、逆に人をいじめている。私は最低な人間だ……」と内心では自分を責めるかもしれません。こうして生き辛さが生まれます。

このようなケースは子どもだけに当てはまることではありません。価値観が変わっていなければ、小学生でも、大学生でも、大人になっても、同じことが起きます。

ここで指摘しておきたいことがあります。「わがままを言う人」は、「人との付き合い方がうまい」という見方ができることです。「わがまま」とは、言い方を変えれば、「自分の素直な気持ちを表現できている」ことです。それは、人とつながるためには良い方法です。「枠」を越えたわがままの出し方は、心に何か問題を抱えている可能性が考えられますが、わがままをまったく出せないと他者からは「魅力のない人間」に映ってしまいます。

大学生のなかにも、当然「わがままを言う大学生」がいます。しかし誰もが「わがまま」を出せるわけではありません。わがままが言えない女子学生にとって、わがままを言って人とうまく付き合っている女子学生を見ると嫉妬心が生まれます。それが、耐えがたい怒りに発展します。すると、いろいろな問題行動が起こります。わがままを言える女子学生が付き合っている男性を強引に奪うのはよく聞く話です。同級生に変な噂を流して孤立させるような陰湿ないじめのケースもあります。

見逃せないことは、いじめている本人は、子どものケースと同様、わがままを出せる女子学生に嫌な行為をしている自分自身をけっして許していないことです。表面上は、平静を装っているかもしれませんが、内心では「誰からも好かれたいのに、私は最低のことをしている」と自分自身に強烈な嫌悪感を持つのです。しかし悲しいことに、価値観というものが問題行動を起こし生き辛ささえもたらしていることに自分ではなかなか気づけません。価値観は幼少期に自然と刷り込まれているから、自覚できないのです。

ちなみに、「わがままを言う」という点では、男性よりも女性の方が上手です。なぜなら、ほぼ100％の男性は、「男らしくなければならない」という価値観を刷り込まれているので、「わがままを言う」ことは恥ずかしいと思うからです。

「男らしくなければならない」からの解放

男女間でトラブルが起きるとき、「原因はフィフティフィフティだ」と言われますが、それは正しくありません。たいてい原因は男性側にあります。男性は、言葉で自分の気持ちを伝えることが女性に比べて不得手だからです。「私は無口だから」とか「言い訳はしないのが俺の信念」といった言葉は、まったく理由になりません。原点は、やはり幼少期にあります。幼少期からほとんどの男性は、親から「男は口答えしないものだ」「言い訳するな」と言われ続けているからです。女性にすると「何で、言葉でちゃんと言ってくれないの！」と言いたくなります。その通りです。男性が言葉でちゃんと自分の気持ちを言わないから、トラブルが起きるのです。

付き合っているカップルを例にして説明しましょう。たとえば、女性が合コンに行くことになったとします。男性は内心では「本当は行ってほしくない」と思っていても、本当のことを言うのが恥ずかしいとかカッコ悪いと思って本音を隠します。しかし本音を隠しても、態度に出ます。不機嫌になったり冷たい態度を取ったりするのです。愛情表現の屈折した出方です。女性が最も嫌うパターンです。こうしてトラブルが起きます。

結局、世の男性が女性とうまく付き合うために克服すべき課題は、「男らしさ」の価値観をどれだけ解放できるかです。男性が「本当は行ってほしくない。君が他の男といるのを想像するとつらいんだ」と本当のことを言えるとトラブルは避けられるでしょう。そして、本当のことを言える方が「カッコいい」ことに男性は気づかないといけません。自分の気持ちに素直になっているからです。男性の本当のカッコ良さは、カッコつけることではなく、「カッコ悪い自分でもいい」と思えることです。

夫婦関係も同じです。熟年離婚の原因はたいてい男性側にあります。だからこそ、夫は自分の気持ちを表現しないといけません。熟年離婚を避けるためにも、夫は素直になるのです。黙っていたら夫は妻から見捨てられてしまう時代なのです。

ちなみに、夫が素直になると、夫の平均寿命も延びるのではないかと私は考えています。厚生労働省によると、2012年の日本人の平均寿命は女性が86・41歳で、男性が79・94歳となっています（読売新聞2013年7月26日付朝刊）。常に女性が男性を上回っています。しかも2012年の女性の平均寿命は、なんと世界一です。

なぜ女性の方が長生きするのでしょうか。女性の方が、基礎代謝が少ないので少ないエネルギーで生きていけるとか、女性ホルモン、遺伝子、脳、生活習慣など諸説ありますが、私は女性の「おしゃべり」が関係しているのではないかと思っています。おしゃべりできる仲間が集まると、ストレス発散になります。人に話してストレスを発散できることは、とても健康的な方法です。

「強い正義感」が殺人事件を引き起こしたケース

自分の心のなかに刷り込まれた価値観が大人の人間関係（とくに男女関係）に及ぼす影響をみてきましたが、これを犯罪のケースで考えてみましょう。事件の引き金となった価値観は「強い正義感」です。私が関わった30代の若い受刑者は、幼少の頃、父親から「男は、正しく生きるものだ！」「男らしくしろ！」と厳しく言われ続けました。男らしくないことやずるいことをしたとき彼は、父親から容赦のない暴力を振るわれました。「正しく生きること」は間違っているわけではありません。ただ、この価値観は「正しく生きていない者は絶対に許せない！」という「強い正義感」を生みます。

「強い正義感」という価値観は厄介です。なぜなら、他者にも自分にも非常に厳しい生き方を強いるからです。人が常に正しいことをし続けることなど、絶対に不可能です。普通は、正しくないことをしても「たまには、仕方ないよな」くらいで済ませたいものです。しかし彼は「正しいことができないときの自分」がどうしても許せないのです。そうして自分自身をどんどん追い込み、自分も他者も傷つける人間になります。

30歳になって間もない頃、彼は、高齢者から金を搾取する男（被害者）の存在を知り、許せない気持ちを持ちました。また、悪事を見過ごしている自分自身にも腹を立てています。そして、被害者が自分の知り合いの高齢者からも金を騙し取っているのが分かったとき、積もりに積もった怒りが爆発しました。ついに殺害に至ったのです。

刑務所で初めて面接したとき、彼は「悪いことをした奴を殺して何が悪い。俺は正しいことをやっただけだ！」と彼なりの「身勝手な言い分」を主張しました。確かに高齢者から金を搾取する被害者にも非がありますだからと言って、殺人は絶対に容認されません。しかし自分も他者も絶対に許せなかった彼にとって、殺害以外の方法はなかったというのです。
原点は、幼少期に彼が父親から受けた言動にあります。「強い正義感」を生み出した父親の厳しい言葉と暴力です。彼は自分の幼少期が事件を起こした原点であることをまったく分かっていません。私と原点を探っていった結果、彼は社会で「男らしさ」を無理して見せる生き方をしてきたことを理解しました。そして、「強い正義感」を持つ背景には、彼が父親に「男として認めてもらいたい」気持ちが強くあったことも分かりました。本当は男らしくなくてもいい「ありのままの自分」で父親から愛してほしかったことに気づいたとき、彼の価値観は根底から覆り、同時に被害者に対して「本当に申し訳ないことをした」という「心からの謝罪」の気持ちが生まれたのです。

悩みや苦しみを打ち明けられますか？

すでに述べたように、幼少期に取り込んだ価値観は自分ではなかなか気づきにくいものです。自分で気づけないと、親が持っている価値観はそのまま自分の子どもにも伝わる可能性があります。幼少期に自分が実の親に言われたことやされたこと、周囲の環境のなかで自分自身が考えたことなどを、そのまま自分の子どもにもして返すのです。これを連鎖と言います。

親が悩んだり苦しんだりしていることは、親の価値観が変わらないと、自分の子どもも同じように悩んだり苦しむかもしれません。時代も環境も違うし、人間関係も変わるので、必ずそうなるとはかぎりませんが、可能性は高いと言えます。親が生き辛さを感じたり問題行動を起こしたりしていたら、子どもも同じように苦しんだり問題行動を起こすかもしれません。そうなったとき、親であるあなたの苦悩も深いでしょう。

ところで、私たち大人は、自分の悩みや苦しみを実の親に打ち明けるでしょうか。大半の人は、「親には心配かけたくない」「自分でなんとか解決したい」と思って、実の親には話さないでしょう。友だちやパートナーなら相談できても、少なくとも「自分の親には迷惑をかけたくない」という意識がはたらきます。

しかし自分が親の立場になったとき、自分の子どもが悩んだり苦しんだりしているときは、「絶対に自分には相談してほしい」と思うのは親の願いです。自分は実の親には心を開かないのに、自分の子どもには心を開いてほしいと思うのは、ずるいと言われても仕方ありませんが、親の本音です。しかし繰り返しになりますが、親の価値観が変わらないかぎり同じ子育てが繰り返され、おそらく自分の子どもも「親には迷惑をかけたくない」と思って親には悩みを相談しないでしょう。

学生たちのなかには、「自分が親に言われた嫌なことは、自分の子どもには絶対に言わない」と「固い決意」を口にする者がいます。固い決意も必要ですが、すでに本書で繰り返し述べたように、決意は当てにはなりません。人生は、楽しいことよりも苦しいことの方が断然多いです。苦しくなったとき、人は、自分がされたことを、人にして返してしまうのです。親に殴られて育った者は、「自分の子どもには絶対に手を上げない」と固く誓います。しかし子育てで悩み、子どもが問題行動を起こしたとき、思わず手を上げてしまいます。そのとき親であるあなたは愕然《がくぜん》となります。「私も同じことをしてしまった」と。

非行少年は、不遇な環境で育っているため、「早く結婚したい」と言います。自分が温かい家庭で育ってこなかったので、温かい家庭を持ちたいのです。彼らの純粋な夢は叶ってほしいものです。しかし現実にはうまくいかないことが多いのです。

子どもを愛さない親はいません（と私は信じています）。しかし、子どもの愛し方を知らない親は少なくありません。

非行少年が家庭を持ち、子どもが誕生して、いざ子育てが始まると、非行少年が描いていた「温かい家庭を築く夢」は無残にも打ち砕かれます。自分が大切に育てられなかったので、自分の子どもを大切に育てる方法が分からないのです。そうすると、子どもが夜泣きをしたり親の言うことを聞かなかったりしたとき、否定的感情が湧いてきて、父となった元非行少年は、自分が親からされたことを、自分の子どもにもして返すのです。「こんなはずではなかった。ちゃんと子どもを大切に育てよう」という思いも次第に薄れ、最悪の場合、子どもの「存在」さえ疎《うと》ましくなってきます。そういうときに虐待が起きるのです。

ストレスを生み出す20の価値観

私たちは人それぞれ、さまざまな価値観を持って日々の生活を送っています。しかし、私たちが持っている価値観が自分たちの日常生活にストレスを与える要因になっている場合があることに気づいている人は多くはないでしょう。以下に、どのような価値観がストレスになるのかを挙げてみます。当てはまる項目が多いほど、ストレスをためやすくなります。

1 「しっかりしなければいけない」という気持ちが強い。
2 (親や周りの人に) 迷惑をかけてはいけないと思う気持ちが強い。
3 「(親や周りの人の) 期待に応えないといけない」と思う気持ちが強い。
4 「我慢することが大切である」と思っている。
5 自分の素直な気持ち (「うれしい」とか「悲しい」とか「つらい」とか) をなかなか出さないほうである。
6 嫌なことがあったりつらいことがあったりしても、そのことを人にはなかなか見せないほうである。
7 人前では「暗い面を見せてはいけない」と思い、明るく振る舞ってしまうことが多い。
8 「弱いことは情けない」とか「弱いことはいけない」とか思っている。
9 泣くことは恥ずかしいことだと思っている。
10 人にはなかなか甘えないほうである。
11 「わがままやジコチュウであることはいけない」と思っている。
12 子どもっぽい面は出してはいけないと思っている。

13「男（女）は男（女）らしくなければいけない」という気持ちが強い。

14お金の面で裕福になることが人生で成功することだと思っている。

15完璧さを求めてしまうところがある。

16ミスや失敗をしてはいけないという気持ちが強い。

17「白」か「黒」かをはっきりさせないと気がすまない。

18「勝つこと」に対してのこだわりや執着心が強い。

19他の人から自分に対して何かされたときに「自分のことを拒否された」とか「自分を悪く思われた」と受け止めてしまいやすい面がある。

20「悪いことは許さない」という気持ちが強い。


念のため繰り返しますが、ここに掲げた項目は、私たちが生まれながらに持っている価値観ではありません。誰か（とくに親）から「もらったもの」か、周囲の環境に影響されるなかで形成されたものです。原点は幼少期にあります。だから、幼少期まで振り返らないと、なぜこのような価値観を持つようになったのか分かりません。

問題行動を起こしたり生き辛さを抱えていたりする人は、刷り込まれている価値観を自覚しないと根本的な解決には至りません。子育てをする人なら、いつかは自分自身と向き合わないといけません。子育てをしない人も、自分自身を本当に理解しようと思うのなら、本書を手に取った「今」をチャンスにしてほしいと思います。

刷り込まれた価値観を考える20のヒント

しかし、他者の力を借りずに自分一人でどうしてストレスをためやすくなる価値観を取り込んでいったのかを知ることは容易ではありません。容易ではありませんが、考えるヒントはあります。ヒントは、私が受刑者との面接でよく使う質問です。そこで、以下の質問を手がかりにして、自分自身の幼少期に目を向けてみてください。人によっては、親を否定的にみる場合があるのでつらくなるかもしれませんが、そこと向き合わないかぎり、気づきは得られません。

良い思い出がない人にとっては、過去を振り返ることはつらいので、しんどくなるかもしれません。そのときは考えるのを止めてください。そして、誰かの力を借りて、いっしょに振り返るようにしてください。一方、良い思い出しかないと思っていた人も、意外な発見があるかもしれません。その発見が苦しいものであった場合、しんどくなるかもしれません。そのときも同じように考えるのを止めて、後で誰かに話をしてみてください。なお、ヒントの後に記した例は、あくまでも一例にすぎないことを断っておきます。
（1）幼少期に父親や母親に繰り返し言われたことは何か（例：「弱音を吐くな」と言われ続けたら、「弱音を吐いてはいけない」と考えるようになる）。
（2）父親はどういった人だったか。母親はどういった人だったか（例：父親の価値観や母親の価値観が刷り込まれる。また、家庭での父親と母親の関係性から生まれる価値観もある「男は上、女は下」など）。
（3）親のしつけは厳しかったか。暴力を振るわれるようなことはなかったか。また、「お前はダメな子だ」と人格を否定されるようなことを言われなかったか（例：「男らしくあらねばならない」「自分はダメな人間だ」といった価値観が強く刷り込まれる）。
（4）親は心を受け止めるよりも、叱咤・激励するような人ではなかったか。指示・命令の多い親ではなかったか（例：自分に自信が持てなくなる。指示待ち人間になる）。
（5）親は「りっぱな人」ではなかったか。弱い面を絶対に見せない人ではなかったか（例：「りっぱでないといけない」「弱い面を見せてはいけない」という価値観を持つ）。
（6）親は正論をよく言う人ではなかったか。また、情緒的（感情表現が豊か）ではなく、理性的な人ではなかったか（例：感情を出すことは恥ずかしいと考えるようになる）。
（7）親に放任・無視されていなかったか（例：自分の命を大切にできなくなる。嫌なことがあったとき「死にたい」と考えるようになる）。
（8）医者の子どものように、親の跡を継ぐことを運命づけられていなかったか（例：自分の意思を尊重しない生き方になる）。
（9）幼少期に親が不和であったり離婚したりするということはなかったか。また、親が再婚して、「新しい父親（母親）」と生活することにならなかったか（例：人の顔色をうかがうようになる。悩みや苦しみを抱え込むようになる）。
（10）両親が離婚した場合、誰が養育者だったか（例：祖父母の場合、「親がいないから、だらしない子になったと思われたくない」と考えて、しつけが厳しくなる場合がある)。
⑪親は非常に神経質な人ではなかったか。完璧主義な人ではなかったか(例:「何事も完璧でなければ気が済まない」「中途半端が許せない」と考えるようになる)。
⑫親は「形あるもの(たとえば、金や学歴など)」にこだわっていなかったか(例:愛情よりも「形あるもの」の方が大切と思うようになる)。
⑬幼少期に我慢していたことはなかったか。寂しい思いをしたことはなかったか(例:自分の気持ち、感情や命を大切にしない生き方になる)。
⑭幼少期において、忘れられないエピソードはないか。そのとき傷ついていないか。また、それをきっかけに「決意」したこと(例:「やられたら、やり返す」)や考えたこと(例:「大人は絶対に信用できない」)はないか。
⑮つらいこと、苦しいことがあったとき、誰かに相談できたか。できなかったとしたら、自分一人で解決しようとしなかったか(例:他者の援助を求めない生き方になる)。
⑯優秀なきょうだい(同じ年頃の従兄などを含む)と比較されることはなかったか

（例：「勝たないといけない」と無理するか、「どうせ勝てない」と最初からあきらめる考えを持つ）。
(17) きょうだいに不登校の子や障害を持った子はいなかったか（第6章で説明）。
(18) きょうだいに非行に走ったり心の問題（たとえば、摂食障害やうつ病）になったりした者はいなかったか（第6章で説明）。
(19) 長男・長女として生まれて、他のきょうだいよりもしつけが厳しくなかったか（例：「しっかりしないといけない」という価値観を強く持つ）。
(20) きょうだいが多く、貧しい家庭で育っていないか（例：「食われる前に食わないといけない（＝負ける奴が悪い）」「勝たないと生きていけない」といった価値観を持つ）。

以上、幼少期に私たちが刷り込んだ価値観に気づくための20のヒントを挙げてみました。十分ではありませんが、ヒントを手がかりに、自分のなかに刷り込まれている価値観がどのようにしてつくられていったのかを考えてみてください。もしそれに気づけたら、まずは「気づけただけでもＯＫ」と思ってください。長年かかって刷り込まれた価値観をすぐに捨て去ることは不可能です。だから、気づいていることから始めるのです。気づきがあれば、自分を客観的にみつめる機会が増えます。子育ての仕方も変わります。そうすると、自分自身の生き方も少しずついい方向に変わっていくことが期待できます。

心のなかにモヤモヤした気分があることがはっきり分かったら、勇気が必要ですが、いつか原点にある否定的感情を誰かにじっくりと話してみましょう。「生き辛さを何とかしたい」「健康的な人生を送りたい」と本気で思ったら、自分の話を聴いてくれる人をみつけて、その人に思いのたけを話してください。「ありのままの自分」を話せたとき、人に素直に甘えられる自分を取り戻すきっかけをつかめます。

価値観の裏側を見る習慣を

私たちは「価値観」というものを「○《まる》（良い）」か「×《ばつ》（悪い）」かのどちらかで捉えています。この捉え方こそが、生き辛さの原点になっている場合があります。

たとえば、「まえがき」に記した「協調性がある」という価値観で考えてみましょう。

私たちは、協調性があることは「良いこと」と思い込んでいます。確かに協調性があれば、人とうまく関係を持つことができます。しかし見方を変えると、協調性があることは、「人に合わせること」や「他人の意見に従うだけ」になる危険性を孕《はら》んでいます。そうすると、「自分の意見を言ってはいけない」「自分の考えを持ってはいけない」といった価値観を生み出します。

「勇気がある」という価値観も、良いように受け止められがちです。とくに非行少年や受刑者は「勇気がある」ことを自慢します。勇気があるから、喧嘩のような危ない場面にも突入できるのです。ということは、「勇気がある」ことは「自分の命を軽んじている」ことになります。自分の命が軽くなればなるほど、どんな危険な場面にも飛び込んでいけます。そして最悪の場合、命を落とすのです。同時に、人も殺せます。自分の命が軽くなれば、人の命も軽くなるのです。逆に、自分の命を重いと感じられれば、人は臆病になるものです。「臆病であること」はカッコ悪いと思われるかもしれませんが、自分の命を大切に思えば、人は臆病になるのが当たり前なのです。

言いたいことは、価値観には必ず「表」と「裏」の両面あるということです。両面あることを親が自覚していないと、何の疑いもなく「協調性を持ちなさい」「勇気を出しなさい」などと子どもに伝えます。そうすると、子どもは自分の意見を言わないで人に合わせたり、自分の命を軽く考えたりする生き方を身に付けるかもしれません。

そういう意味では、私たちは親から言われたことや社会で常識となっている価値観を今一度疑ってみる必要があります。

私はときどき依頼を受けて、学校現場に出向くことがあります。教室にいる「問題児」「問題生徒」を観察して、対応の仕方を助言するという仕事です。教室に入ると、どの学校にもありがちな「今月の目標」が後ろの黒板に貼ってあります。

よく見かけるのが、「相手の気持ちを考えましょう」です。確かに相手の気持ちを考えることは大切です。しかし見方を変えると、「相手の気持ちを考える」ことは「自分の気持ちを大切にしない」ことになります。「相手の気持ちを考える」という価値観を強く持つと、自分の気持ちを控えるようになり、友だちといい関係がつくれなくなるかもしれません。

「何事も最後まで粘り強くやり遂げましょう」も、「危うい目標」です。これも見方を変えれば、人の援助を求めないで一人で頑張り抜くという意味になり得ます。そうすると、一人でずっと抱え込み、「身体を壊すまで頑張る」ことになるかもしれません。

ところで、本書で私は、「しっかりしないといけない」「我慢しないといけない」「一人で頑張る」といった価値観を、あたかも「悪者」扱いしてきましたが、これらの価値観を全否定するつもりはありません。私の大学の授業を受けた、ある女子学生（3年生）が「授業の感想文」で「私は『しっかりしないといけない』と思い込んでいました。しかしこの考え方が自分を追い詰める面もあることが分かりました。でも、私は運動部の主将をしていて、皆から『すごくしっかりしているね』と言われます。そのせいか彼氏にすごく甘えてしまうのですが、これでも大丈夫でしょうか」と書いてきました。私は彼女の感想文を授業で取り上げ、「バランスを取っているんですよ」と言いました。

「しっかりしないといけない」と抑圧させている部分を、パートナーに「甘えること」で埋め合わせをして、心を安定させているのです。だから、「悪者」にした価値観も「心を解放する人と場」があると、活きてくるのです。

その点では、「男らしくあらねばならない」も同じことです。この価値観があるから、男性は「たくましさ」を身に付けることができます。一家を経済的にも精神的にも支える原動力にもなります。問題は「ねばならない」と考えてしまうところです。「男らしくないときがあってもいいよね」と受け止めることで、健康的に生きていけるのです。当たり前と思っていた価値観を疑ってみましょう。そして、その価値観が自分を苦しめるものだったら、別の見方をしてみましょう。刷り込まれてしまって、もはやどうにもならない状態だったら、誰かに話を聴いてもらうことで、少しずつその価値観の囚われから解放されましょう。そのための一番いい方法は、「子どもの心」になることです。

グチを言える人間関係を

日常生活で、ストレスがたまると、しんどくなったりやる気がなくなったりします。そういうときこそ、「子どもの心」になって、自分のしんどい思い（「グチ」と言ってもいいでしょう）を誰かに聴いてもらいましょう。自分のストレスを聴いてくれる人が周囲にいると救われ、自分が周囲の人に支えられていると感じられます。すると、自分が周囲の人を大切にしようとする気持ちが生まれます。周囲の人を大切にすれば、また周囲の人から大切にされます。周囲の人から大切にされると、ますます自分自身を大切にする気持ちになれます。こうして人間関係はどんどん良くなっていきます。グチを言うことが始まりです。

グチを言うことは、自分自身が「子どもの心」になって心を開いていることです。人間関係は、「子どもの心」を持たないとうまくいきません。子どもの心になるとは、「ありのままの自分」になるということです。「ありのままの自分」になれば、自分自身を受け入れられます。

手を抜いて人生を生きている人など一人もいません。皆、懸命に生きているのです。しかし人は、いろいろな価値観を取り込んだことが影響して、生き辛さを感じたり問題行動を起こしたりします。

酒井法子さんのケースでみたように、今までの人生で、過去に「ダメだった自分」がいることを感じている人もいるでしょう。しかし自分の人生に「ダメだった自分」を残したままだと、心のどこかで「ダメだった自分」の存在をずっと引きずります。そうすると、「受け入れられない自分」をつくってしまいます。だから捉え直しが必要です。「ダメだった自分がいた」ではなく、「そのときは生き延びるためには、そうするしか仕方がなかった」と捉え方を変えるのです。そうして、過去のダメだったときの自分自身も受け入れるのです。

ひきこもりをしていた人を例に挙げれば、彼らも懸命に生きていたのです。過去にひきこもりをしていたときは、「ひきこもる必要」があったのです。毎日の生活で人は皆、余計な刺激を入れず一人になることで気持ちを充電させて、自分自身を取り戻すことができます。それが翌日のエネルギーになります。ひきこもりをした人は、毎日の生活で一人になって心も身体も落ち着いて休める時間がなかったのです。日々の生活で「短い休息の時間」を持てなかった分、「大きな休息」を必要とするのです。その形が「ひきこもり」です。だから、遅まきながら日々の生活で休めなかった分を一気に休息していると考えるのです。十分に休めることができれば、再び歩き出すことができます。だから、ひきこもりという問題行動は、生き延びるための「必要行動」なのです。「ひきこもりをしていたときの自分」はダメではなく、そのときは必要だったと考えて、過去の自分自身を受け入れます。

日々の生活では、自分自身の気持ちや感情を素直に表現することが欠かせません。今苦しいと感じている人は今の苦しみを、将来に不安があるのならその不安を、「子どもの心」になって、「ちょっと私の話を聴いてくれませんか」と言って誰かに話してください。今まで誰にも相談したことがない人にとって、自分のことを素直に話すのはものすごい抵抗があるでしょう。でも、だからこそ、少しずつでかまわないので、自分の話を聴いてくれそうな人に心を開いてみましょう。そうすれば、少しずつ自分自身が変わっていく実感を持てます。素直であることの「心地よさ」を手に入れるからです。その心地よさとは、赤ちゃんのように自然と自分の感情を出せる気持ちのよさです。

自分自身を受け入れるようになると、受け止め方が変わります。たとえば、誰かが「こうしてみたら」と助言してくれたとき、それまでは「ケチをつけられた」と思って腹が立っていたのが、「教えてくれた」と思えるようになって、素直に「ありがとう」と言えるようになるでしょう。自分自身を受け入れると、腹が立つことが減っていきます。

人に対する表現の仕方も変わります。それまでは、「席を立たないでください」と言っていたのが、「座ったままでお待ちください」と言えるようになります。「言い方」や「受け止め方」で、人間関係は良くも悪くもなります。

人間関係では、自分にとって嫌な人がいたからと言って、その人を変えようと思わないでください。できるのは、自分自身が変わることです。そのためには、「今の自分でいい」と思えることです。自分自身を受け入れたら、嫌な人でも許せるようになるかもしれません。「嫌な人」に対する見方が変わるからです。「嫌なことを言う人は、嫌なことをされてきた経験があって、今は自分を受け入れられないでいるんだなあ」と考える余裕ができるかもしれません。それは「そのときの相手（嫌な人）」を受け入れていることになります。そのように考えて嫌な人と接すると、嫌な人も変わるかもしれません。

嫌な人が「この人は今、自分を受け入れてくれている」と感じるかもしれないからです。

子どもとの関係も同じです。親は子どもを「親の都合のいいように」変えようとしがちです。たとえば、「人には優しくしなさい」と言いますが、言ってそうなるなら誰も子育てで悩むことはありません。人に優しくするためには、人に優しくされる体験が必要です。優しい子どもになってほしいと思ったら、親が子どもに優しく接すればいいのです。

ただ、親も人間ですから、嫌な気持ちになることもあるでしょう。優しくなれないときだってあります。しんどいときやつらいとき、寂しいときや悲しいときは、自分が「子どもの心」になって、誰かに話をしましょう。そうして親は自分の心を安定させるようにしましょう。親が上手に人に甘えられるようになれば、自分の子どもも人に上手に甘えられるようになります。

第6章　幼少期の子育てで知っておきたいこと

親に素直に甘えられること

幼少期に子どもに身に付けてほしいことは、親に十分に甘えられることに尽きます。「甘えられる」こととは、親とスキンシップしたり話をちゃんと聴いてもらえたりすることです。

私たちは「甘えちゃダメ!」という言葉をよく耳にします。しかし「甘えちゃダメ!」と考えると、人に甘えられ（頼れ）なくなります。そうすると、しんどいことや悲しいことがあっても、一人で抱え込むことになります。それが苦しみを生み出します。だから、「甘えちゃダメ!」ではなく、「甘え上手」になるのです。

親との関係で甘えることを体験できた人は、他者にも甘えられる人になります。他者に甘えられることとは、他者から援助をもらって生きる生き方を身に付けることです。

そして、他者に甘えられる人になれると、他者の「甘え」を受け止められる人になれます。自分の「甘え」を受け止めてもらう体験をしていないと、人の「甘え」を受け止めることができません。

私たちは「困っている人を見たら、助けなさい」とよく言われます。しかし「人を助けたい気持ち」とは誰かに教えられて身に付くものではありません。自分が人に助けられたから、自然と人を助けたくなるのです。だから、「人は、自分がされたことを、人にして返す」ということを信じて、子どもに接してほしいのです。

本書を読むと、幼少期に子どもに「しつけ」をしなくてもいいのかと思われる方がいるかもしれません。確かにしつけは子どもが社会性を身に付けるためには必要です。しかし「しつけは必ず抑圧を伴う」ことを知っておかなければなりません。しつけは子どもの自然な欲求を抑える側面があるからです。自然な欲求を抑えると、どうしても子どもの心は歪みます。たとえば、「してはいけない」と言われたら、逆にしたくなります。内心では欲求が高まっているのに、その気持ちを出せないのです。「勉強しなさい」とガミガミ言われたら、逆に勉強する意欲を失くします。私たち大人も子どもの頃（今でも仕事などで）多少なりともこうした経験をしているのではないでしょうか。

結局、指示・命令をたくさん子どもにすると、たくさんプレッシャーを与えることになるので、子どもはどんどん「子どもらしさ」を失っていきます。だから、「しつけをしないといけない」とあまり力《りき》まず、子どもに「良い生活習慣を身に付けさせる」という感覚で子育てをすることです。

「良い生活習慣」とは、自分の思っていることや考えていることをはっきり言えるように促すことです。それが、ストレスをためない最も健康的な方法です。困っているときや苦しいときに、人に話して援助をもらう方法を身に付けさせるのです。幼少期の親との関係で、この生活習慣が身に付くと、子どものその後の人生は健康的なものになります。それほどに幼少期とは、生き方の基本を身に付ける大切な時期なのです。

そうすると、子どもを叱らなくてもいいのかとの声が聞こえてきそうです。ならば、親が子どもを叱ろうとするとき、一度立ち止まって考えてみるようにしてください。「それは、本当に叱らないといけないことなのか」と。親は、自分自身に刷り込まれた価値観に気づいていないと、疑いなく同じことを子どもにしてしまいます。たとえば、「しっかりしなさい」「あなたは男なんだから」「長男（長女）なんだから、皆の手本になりなさい」といった言葉がけです。価値観まで高めた叱り方をすると、子どもは大きな「荷物」を背負って生きることになります。「荷物」を背負う分だけ、子どもは素直に誰かに甘えられなくなります。

シンプルに言えば、子どもは子どもらしく育てば、自然と大人になれます。子どもらしく育てる最も有効な方法は、親が子どもに「ありのままの今のあなたでいいよ」というメッセージを伝えることです。そういうメッセージをたくさん伝えれば、子どもは自分に無理をしたりカッコつけたりするような生き方をすることはありません。

ここまで理想的な子育ての方法を書いてきましたが、子どもの欲求をすべて受け入れることは不可能です。したがって、指示・命令をまったくしない子育てなどあり得ません。親は、必ず子どもの欲求を制限する言葉をかけることになります。どんなに優しく言っても、子どもにすると欲求を止められた気持ちになります。すると、子どもは多少なりとも自分の気持ちを抑圧させることになります。そういうとき、子どもが「嫌だなあ」「しんどいなあ」といつも素直に言えればいいのですが、ときには自分の気持ちを言え（わ）ず抱え込んでしまうこともあるでしょう。

そこで、子ども（大人も含めて）なら必ず起こす問題行動を取り上げてみます。問題行動とは嘘をつくことです。本当は、人間は嘘をつく生き物なので、嘘をつくことを

「問題行動」とはしたくないのですが、大半の子どもの人生最初の問題行動は嘘をつくことなので、このときに親がどう対処すればいいのかを考えてみます。

「嘘をつかない」を子どもに約束させてはいけない

大学に勤めていると、数年に一回、学生の「できちゃった結婚」が発覚します。数年前に私が受け持ったゼミの女子学生の一人も、大学3年生のとき妊娠して、半年間休学することになりました。休学前にその女子学生と話をする機会がありました。私は、彼女に「どんな子どもに育ってほしい？」と質問しました。すると彼女は、「嘘をつかない子どもになってほしい」ときっぱり言いました。「う〜ん……」と思いながら私は、「じゃあ、もし子どもが嘘をついたら、どうする？」と突っ込むと、彼女は「叩いて厳しく叱ります！」と即答しました。それを聞いた私は、「おいおい、今まで僕の授業で何を学んできたの？」と半ば呆れ顔で彼女に言いました。

「子どもに嘘をついてほしくない」「正直に何でも話してほしい」と思う親の気持ちはよく分かります。だから、親は「嘘をつかないこと」を子どもとの約束事にしがちです。

しかし「嘘をつかないこと」は親子関係にとどまらず、すべての人間関係において約束事にはできません。なぜなら、繰り返しますが、人間は嘘をつく生き物だからです。人間ができないことを約束事にすると、必ず問題が起こります。

幼少期の頃の子どもがつく嘘は、大半がミエミエでしょう。ミエミエだけに理由がはっきり分かるので、ここでうまく対処すると、その後の親子関係がよくなります。それでは、この場合、親はどう対処すればいいでしょうか。対処法を考える前に、なぜ子どもが嘘をつくのかを考えましょう。

最大の要因は、親に叱られたくないからです。ということは、親の言ったこと（要するに、指示・命令）を守れなかったとき、子どもは嘘をつくわけです。親が指示・命令をたくさん子どもにすればするほど、子どもはたくさん嘘をつく要因を持つことになります。子どもが嘘をつくのは、親の言動に対する反応です。要するに、子どもが嘘をつく原因は親がつくっていることになります。だからといって、私は「親が悪い」と親を責めるつもりはありません。なぜなら、どんな育て方をしても、子どもはいつか必ず嘘をつくからです。

次に考えられることは、子どもが親に愛されたいと考えている場合です。嘘をつくことによって、自分を「よく見せたい」という意識がはたらくのです。きょうだい関係でよくみられるケースです。「お姉ちゃんに勝ちたい」「弟には負けられない」と考えて、無理した自分をみせようとします。たとえば、できないことを「できる！」と言ってしまうのです。

どちらの場合も、子どもが嘘をついたとき、一番やってはいけない親の対処法は、事実を指摘して「嘘をついてはいけない」と叱ることです。これをすると、子どもは「ごめんなさい」と謝ることになります。そうして、子どもも親も、子どもが嘘をついた理由を考えることなく、子どもは「謝罪の仕方」を身に付けることになります。

それだけではありません。親は「次からは、絶対に嘘をつくな！」と言うでしょう。そうして、親の願いとは裏腹に、子どもはますます嘘をつく人間になります。しかもバレないように嘘が巧妙になっていきます。

繰り返しますが、子どもの嘘は人生最初の「問題行動」です。ということは、親が子どもの「本音」を知る最初の「チャンス」です。このチャンスを活かさない手はありません。親のどの言葉や態度が子どもに嘘をつかせることになったのか、また子どもは自分のきょうだいに対してどのような気持ちを持っているのかを知る機会です。なのに、叱ってしまうと、子どもの本当の気持ちを知る機会を失います。それどころか、子どもは「自分は悪い子だ」と自分を責めてしまったり親に心を開かなくなったりするかもしれません。そうなると最悪です。

そもそも嘘をつくのは「本当のことを言ったら相手を傷つけてしまう」ということが分かるから、という見方もできます。そう考えると、嘘は人間として成長している証とも言えます。

子どもが問題行動を起こしたときの親の対処法は、「なぜ？」という視点を持つことです。親は「なぜ、子どもが嘘をついたのか」をいっしょに考えるチャンスをもらったと考えたいものです。だから、子どもが嘘をついたとき、「何も言わない」という方法が一番無難かもしれません。子どもが嘘をついている理由が分かれば、親が変わればいいのです。親が子どもに「本当の気持ちを出させないようにしていた」と気づいて、その後の子どもの言葉に耳を傾けるのです。そうして、子どもが嘘をつかなくてもいいように、素直さを引き出すように努めるのです。

嘘をついたことを良い機会と捉え、子どもといっしょに本当の気持ちを話し合いたいと思ったら、子どもがついた嘘はひとまず横に置いて、いろいろな質問を投げかけてみてもいいでしょう。たとえば「お母さんが普段言っていることで、『何となく嫌だな』

と思っていることがあったら教えてくれない？」「お父さんの態度で、ちょっと怖いなあと感じたり、『こんなことをしたらダメなんじゃないか』と思ったりしたことがない？」「悲しい（つらい）と思ったことはないかな？」「我慢していることはない？」などと子どもといっしょに嘘の原点を探ってみます。

子どもが「本当は、お父さんに『我慢しなさい』と言われたとき、嫌だった」「お姉ちゃんばっかり褒められて、悲しかった」などと本当の気持ちを言ったとき、親は「そうだったんだね。本当のことを言ってくれて、ありがとう。これからはお父さんも気をつけるね。これからも思ったことを言ってくれたらお父さんはうれしいよ」と子どもが本当のことを言えたことを称えます。

理想的な対処法を書きましたが、少なくとも事実を指摘して反省させるパターンは止めないと、大きな問題に発展していきます。私が関わった男子学生（3年生、21歳）の例で説明します。問題を起こした学生の名前を仮に田中君とします。

嘘をつけないと「大きな嘘」で問題を起こす

大学でサークル活動をしていた田中君は、会計の係を担当していました。問題は、他の部員からの不正な集金でした。彼は、架空の名目（たとえば、「懇親会費」など）をつくって集金したり実際にかかった費用よりも多く金を徴収したりしていたのです。最初は千円程度徴収していたのが、次第に二千円、五千円となり、最後は一万円を超えました。合計金額が百万円を超えたときに事件が発覚しました。

さっそく私は田中君と面接しました。まず私は最初に不正をしようとしたときの彼の気持ちを聴きました。彼は「初めは皆に悪いという気持ちがありましたが、サークルに使う自分の金が足りなくなって、（不正を）してしまいました」とたどたどしく答えました。私は「そのとき、田中君は学生生活や家庭で何か嫌なことはなかった？」と質問すると、何もないとの返事でした。原点はここではないことが分かりました。

そこで私は「百万円もの大きな金額を不正するには、小さな不正をそれまでに起こしている」と仮説を立てました。大きな事件を起こす前には、たいてい小さな事件があるものです。私は「小さい頃、よく親に言われたことは何？」と尋ねてみました。すると、彼は「家庭にルールがあって、『嘘をついてはいけない』と親に言われていました」と言い、それまで口数の少なかった田中君が幼少期のことを話し始めたのです。

田中君は小学生の頃からよく嘘をついて、親に叱られていました。そして「嘘をついてはいけない」ことが親との約束事になりました。小学校高学年の頃、友だちの家に行ったときゲーム機があって、彼もゲーム機をほしいと思いました。しかし親に「買ってほしい」と言えなくて、田中君は親の財布から金を盗んだのです。これが最初の問題行動です。ここに原点がありました。

彼は「どうしてもゲーム機がほしかったんです。我慢できなかったんです。僕の考えが甘かったんです」と言いました。その言葉を聞いて私は「そうだろうか？　我慢できなかったのではなくて、『嘘をついてはいけない』と思っていたから、田中君は我慢をし過ぎていたんじゃないだろうか？」と返しました。その瞬間、彼の目から一気に涙があふれ出しました。そして彼は、「僕は小さい頃からずっと『嘘をついてはいけない』と思って、バレないように嘘を繰り返してきました。人間関係でも自分の本当の姿を知られるのが嫌で、頭のなかでは『いつもどんな嘘をついたらバレないだろうか』と、そのことばかり考えていました。しんどかったです」としゃくり泣きしました。

私は「よく話してくれたね。今までずっと苦しかったでしょう。今、田中君は変われるチャンスだよ」と伝えると、彼は「僕は変わりたいです！」と体を震わせながら言いました。私は「今日話してくれた君の素直な気持ちを両親にそのまま話すことができるかな。そうすれば、君は変われるかもしれない」と言うと、彼は「話してみます」と言ったのです。

帰宅してから彼は、両親に対して、今まで「嘘をついてはいけない」と思って、小さい頃からずっと苦しかったことをすべてありのまま打ち明けました。両親は田中君が涙ながらに素直に話す姿を見て、自分たちが彼を追い詰めていたことを理解したそうです。

一週間後、再び田中君と面接しました。一目見て、彼の表情が変わっているのが分かりました。私は「よく勇気を出して話してくれたね。ありがとう」と言って彼と握手をしました。大学の懲戒処分はありますが、彼の今後の人生がいい方向に向かうことを私は感じました。

田中君との面接を振り返ると、もし周囲の大人が彼に反省を求める姿勢で臨んだら、どうなっていたのか怖くなります。反省させて「二度とやりません」と固い決意をさせて社会に出たら、田中君は犯罪者になっただろうと思わないではいられません。

子どもに「自信を持たせる」子育ての方法

田中君が悪循環に陥っていた流れを整理してみましょう。

幼少期から親が指示・命令をする（たとえば「一度決めたことは最後まであきらめるな」）→しんどくなって途中であきらめても、叱られるのが嫌なので「あきらめてないよ」と嘘をつく→嘘がバレる→親は「嘘をつくな！」と厳しく叱る→また嘘をついて、また叱られる→「嘘をついてはいけない」という「家庭のルール」ができる→次第にバレないようにうまく嘘をつくようになる→嘘に嘘を重ねる生き方になる→最後に「大きな嘘」＝事件を起こす、ということでしょう。

バレない嘘をついているときの田中君はどういう気持ちだったでしょうか。彼は自分の本当の気持ちを親に言えなくなっています。簡単に言えば、「ありのままの自分」を出せていません。彼は、バレない嘘をついていることで常に嘘がバレないかとビクビクしていました。また、本当の気持ちを出さ（せ）ないことで、モヤモヤした気持ちにもなっていたでしょう。

そんな自分のことを田中君はどう思っていたでしょうか。おそらくバレない嘘をつく自分自身を嫌っていたでしょう。当然、自信など持てるはずがありません。しかし自信がないことを他者に知られるのは恥ずかしいので、また嘘をつくことになります。こうして彼は自分を大切にする心を失っていきます。自分を大切にできないと、他者も大切にできません。だから他者のお金も黙って盗むことになります。田中君の「犯罪」は、幼少期に親との間で交わされた「嘘をついてはいけない」というルールができたことにさかのぼります。さらに言えば、親が田中君に嘘をつかせるようになったことが原点です。したがって、両親は事件の発覚を機会に、我が身を振り返らないといけません。

そもそも自信とは何でしょう。字が示す通り、自分を信じるとはどういう意味でしょうか。私は受刑者に「あなたにとって自信とは何ですか」と尋ねることがあります。

ある受刑者は、「私はバイクの運転に自信があります。速さでは負けませんよ」と言いました。これは自信にはなりません。なぜなら、速さを競うとしたら、いつかは負けるときがきます。敗北したとき「バイクを走らせたら、誰にも負けなかったのに」と大きな挫折感を持つことになります。また、バイクを速く運転できることを「自信」にしていると、命を落とす危険もあります。

ある受刑者は、「私は根性では誰にも負けませんよ」と言いました。これこそ危険です。根性を競うようになると、負けないために自分を限界まで追い込むことになります。確かに「根性勝負」に勝ったとき、「俺にはこんなことができるんだ！」と一時的に「自信」を持てるかもしれません。しかし次の根性を持った「相手」が待っています。

犯罪のケースで言うと、信じられないかもしれませんが、「人を殺すこと」で根性を試すこともあるのです。「お前に根性があれば、あいつを殺せるよな」と人に頼まれて、殺人事件を起こした受刑者がいます。根性を競うことは、自分の身も他人の身も滅ぼします。

バイクの運転の速さとか「根性」といったものは「自信」ではなく、「優越感」にすぎません。自信とは、揺るぎがないものです。人より何かが優れていると感じることは、本当の自信にはなりません。また、人から「自信を持ちなさい」と言われて、自信が持てるわけでもありません。

結局、自信というのは、「自分は自分でいいと思えること」です。私たちは、弱さや弱点や幼さをいっぱい持っています。弱さや弱点や幼さを持っていても、「こんな自分でもいいんだ」と思えることです。

親は子どもに「頑張ってね」「期待しているよ」「お兄ちゃんに負けないように、あなた（弟）もしっかりしてね」といった言葉をかけてしまいがちです。親は子どもを発奮させようと思って言っているのでしょうが、見方を変えれば「今のあなたではダメ」というメッセージを送っていることになります。自分に自信を持てない子どもは「今のあなたではダメ」というメッセージをたくさんもらっているのです。だから、「今のあなたのままでＯＫ」というメッセージをたくさん送るのです。

テストで悪い点を取ってもＯＫ、試合で負けてもＯＫ、勉強でも運動でもお兄ちゃんに負けてもＯＫと伝えることで、子どもは「自分は今の自分でいい」と思えます。そして、子どもが「自分は今の自分でいい」と思ったときこそ、自分から「頑張ろう」という気持ちを持てるのです。

人から励まされたり命令されたりしても、子どもは頑張るかもしれません。しかし長続きしません。また、うまくいかなかったとき、子どもは「励ましてくれたのに、悪いなあ」と罪悪感を抱いてしまうかもしれません。すると、自分を責めることにもなります。こうして、どんどん元気を失っていきます。

元気を失ってしまっている子どもたちのなかには、人からの励ましで「一生懸命に頑張った時期」があるケースが少なくありません。頑張っても結果が出なくて、だんだん自信がなくなっていくのです。不登校やひきこもりになっている人のなかには、人からの励ましという「荷物」をいっぱい背負った結果、重荷に耐えられなくなった場合があります。「頑張って勉強してね」「いい学校に入ってね」「長男だから一家を背負ってね」

「理想を高く持ってね」――こうした激励の言葉が子どもたちのストレスとなってしまうのです。だから、荷物を降ろさないといけません。

一つひとつ荷物を降ろして、全部荷物を外に出せたとき、心のなかから生まれてくるのが「意欲（やる気）」であり「元気」です。意欲や元気を生み出すためには、「意欲を持ちなさい」とか「元気を出しなさい」と言うのではなく、心のなかを大掃除すればいいのです。そうすれば意欲や元気は自然と湧いてきます。ただ、大掃除は一人ではできません。いっしょになって掃除してくれる人がいるから、片付ける気持ちになれます。子どもたちに自発性を求めるなら、誰かが寄り添って彼らが背負っている荷物をいっしょに降ろしてあげることです。

「思考」ではなく「感情」を重視せよ

私たちを取り巻く環境は、ここ数年だけでも飛躍的に進歩しています。それと並行して、多くの人が「思考を重視した生き方」をしているように私は感じています。思考を重視すると、感情が軽視されます。感情を軽視した生き方をすると、さまざまな心の問題を生み出したり、ひどい場合には犯罪が起きたりします。そうであれば、現代の心の病や犯罪は、社会の変化と無縁ではありません。

感情を軽視すると、必然的に思考が働く流れになります。たとえば、苦しいという感情を抱いているとき、「苦しい！」と言えないと、「私は苦しくない」「これぐらい、平気だ！」と思考を働かせて、「苦しい」という感情に蓋をします。苦しいのに、笑って本当の感情をごまかしたり、「苦しくなんかない！」「何も感じないぞ！」と思って、本当の感情を鈍感にさせたりします。こういうことが重なると、確実に身体症状に現れます。

私が教育センターでカウンセラーをしていたとき、たくさんの不登校の子どもたちのカウンセリングをしました。不登校の子どもの多くは、感情を抑制しているタイプです。彼らは「苦しい」とか「しんどい」と言えず、その代わりに腹痛や頭痛を訴えます。感情を抑制している者ほど、身体症状に現れるのです。だから、私は不登校の子どもたちとよく遊びました。遊びを通じて、「やったー！」とか「くそっ！」と感情が出るようになると、彼らは次第に元気になってきます。そうして回復に向かいます。

なぜ、彼らは「苦しい」と言えないのでしょうか。理由は、「苦しい」と言うことが、恥ずかしいとかカッコ悪いと感じたり、自分が弱いと思ったりするからです。背景には、

「しっかりしないといけない」「強くなければならない」といった価値観が関係しています。

頭で考えたことを何時間、何十時間話すよりも、本当の感情を一言でも言えた方が人は変われます。たった一言でも、「苦しいんだ」と言えると、心のなかに閉じ込めていた感情も外に出るので、ラクになるのです。本当のことを言わないと、人は変われません。そして、本当の感情を外に出さないと、心も身体もラクになりません。

子育てでは、思考ではなく感情の重視を心がけてください。そのためには、親が情緒的な人間になることです。普段から親が「うれしい」とか「悲しい」と言える人であれば、子どもも素直に感情を表現できる人になります。「感情を出すようにしなさい」と指示するのは愚かです。親が他者から優しくされたりうれしい心遣いをされたりしたら、素直に「うれしい」と言うのです。他者から優しくされなかったり冷たい態度を取られたりしたとき、「悲しい」と言うのです。親が情緒的になれば、子どもも情緒的になります。情緒的な人は、人間としても魅力的です。

そういう意味で、私が案じていることの一つが日常的に使われている「大丈夫」という言葉です。この言葉は「諸刃《もろは》の剣《つるぎ》」になると私は思っています。

「大丈夫」という言葉は本当に大丈夫？

たとえば、子どもが道でころんだとき、ほとんどの親は心配して「大丈夫？」と声をかけます。すると、子どもは、たとえ痛くても、「大丈夫だよ」と返すことが多いです。「いい子」であればあるほど、「大丈夫？」と問われれば、「大丈夫」と答えるでしょう。

私はこのパターンが危険ではないかと考えています。親が、子どもがつらそうな顔をしているときにも「大丈夫？」、体調が悪そうなときにも「大丈夫？」と言うと、子どもはつらくても体調が悪くても、つい「大丈夫」と言ってしまうのです。一言で言うと、「大丈夫？」という言葉は、「大丈夫」という答えを引き出すことになって、相手の感情を抑制する場合があるということです。

それではどうすればいいのでしょうか。「大丈夫？」と言う代わりに、相手が感じていることを推測して、それを言ってみるのです。道でころんだら、「大丈夫？」と言う代わりに「痛かったでしょう」と言ってみます。「痛かったでしょう」と言われれば、子どもは「痛かった！」と言いやすくなります。つらそうな顔をしているとき、「つらそうね。何かあった？」と尋ねてみましょう。「大丈夫」という答えが返ってくる可能性は、「大丈夫？」と聞くよりも低いでしょう。体調が悪そうなとき、「まだしんどそうよ」と言ってみましょう。

気をつけたいことは、子どもが自分の「感情」を言いやすい問いをするように心がけることです。苦しかったりつらかったりする感情が外に出ると、心が軽くなります。心が軽くなれば、元気になれます。

「大丈夫」という言葉でもう一つ気をつけたいことは、自分自身が「大丈夫」と言っている場合です。自分が「大丈夫」と言っているとき、「本当に自分は大丈夫なのか？」「無理していないか？」と一呼吸おいて、自分をみつめてみるのです。

非行少年や受刑者は「大丈夫」とよく言います。机を運んだり重い荷物を持ったりするとき、本当は誰かに持ってもらったら助かるのに、「大丈夫」と言って無理して一人で片付けようとするのです。彼らは「ちょっと手伝ってくれませんか」「助けてくれませんか」と言わ（え）ないのです。誰かに頼ったり甘えたりすることが苦手なのです。なぜなら、誰かに頼ったり甘えたりした経験がほとんどないからです。

私は受刑者に授業をするとき、「長机を運ぶ」という簡単な演習をします。「どのようにして運びますか？　実際に運んでくれませんか？」とメンバー全員に言います。すると一人が立ちあがって、必ずと言っていいほど、一人で運ぼうとするのです。彼らの頭のなかには、誰かに助けてもらうという発想がありません。そこで、次のように黒板に書きます。

自分「ちょっと手伝ってくれませんか？」
相手「分かりました。喜んで手伝います」
（実際に二人で運ぶ）
自分「手伝ってくれて、ありがとう」
相手「どういたしまして。役に立って、うれしいです。いつでもどうぞ」

誰かに頼ったり甘えたりすることは、言葉で言うだけでは身に付きません。実際に体験させて、「助け合うこと」の喜びを実感してもらうのです。
非行少年や受刑者だけでなく、私たちも「大丈夫」という言葉を使っていないでしょうか。「迷惑をかけてはいけない」とか「一人で頑張らないといけない」という価値観を持った人ほど、「大丈夫」という言葉を口にします。誰かに頼ったり甘えたりすることなど簡単に思えますが、言ったことのない人は「手伝ってください」「助けてください」という言葉を口にするのにものすごい抵抗を感じます。そして、抵抗を感じる人ほど、一人で抱え込む人なのです。だからこそ、「ちょっと手伝ってくれませんか？」「ちょっと助けてくれませんか？」から始めるのです。これは意識しないとできません。「ちょっと」「大丈夫」という言葉を付け加えて、少しずつ人に頼ったり甘えたりする練習をするのです。「大丈夫」という言葉が誰か（自分も含めて）の口から出たとき、その人（自分）をよく観察してみてください。本当は、大丈夫ではない（無理している）ことの方が多いと思います。それほど日本人は、人に素直に甘えることが不得手なのです。

反抗期は「自己表現期」と捉える

不登校の子どもを持った母親のカウンセリングをすると、「うちの子は反抗期がありませんでした」とか「手のかからない、いい子でした」と言う母親が少なくありません。そういう言葉を聞いたとき、私は「自分の気持ちを表現できるときがなかったんだな」「抑圧していたのかもしれないな」と受け止めます。

普通、「親の言うことを聞かなくなるとき」を「反抗期」と考えます。この一文には二つの「決め付け」があると私は考えています。まず「親の言うことを聞かなくなること」はダメと決め付けていることです。価値観には違う見方ができると書いたように、「親の言うことを聞かなくなること」は、「自分の気持ちを表現できている」という見方ができます。そのとき、子どもの「言い分」に耳を傾けようともせず、「反抗期だ！」と決め付けて、「反抗するな！」「口答えするな！」と叱ると、子どもは口を閉ざします。子どもが口を閉ざすと、今度は「お前は何を考えているか分からん！」と言って、さらに子どもを追い詰めます。子どもが口を閉ざすには理由があって、親が子どもの「言い分」を聞かないことです。そして、「言い分」を聞いてくれなかったことが非行に走る原点になるかもしれないのです。それを考えずに、親は子どもの態度を見て、「ついにわが子にも反抗期が来たか……」と嘆くのです。

もう一つの問題として、そもそも私たちは、「反抗期」という時期は人間が発達する過程で必ず「存在する時期」と決め付けていないでしょうか。確かに親の言うことに従いたくないという気持ちから、子どもは自分の「言い分」を言いたくなることがあります。むしろ、言わない方が怖いのです。その状態は抑圧だからです。

「反抗期」という表現そのものにも問題があるかもしれません。「反抗期」とレッテルを貼ると親は、子どもの「反抗（言い分）」を「時期」の問題として捉え、なぜ子どもが反抗するのか、その理由を親子関係から考えようとしなくなります。親が子どもの「反抗（言い分）」にちゃんと耳を傾けて、お互いの「落とし所」を探す作業をすれば、子どもは反抗しません。そう考えると、この時期は、反抗期というよりも、子どもの「自己表現期」と言い換えた方がいいのではないでしょうか。

ところで、先に不登校のことに触れましたが、子どもが「反抗」しないケースが他にもあります。きょうだい関係で、たとえば兄が不登校になったとします。そうなると、どうしても親は学校に行けない兄の方にエネルギーを注ぐことになり、普通に学校に行っている弟には「あなたはちゃんと学校に行ってね」と言ってしまいがちになります。

このケースでよく起きることは、兄が回復して学校に行けるようになったとき、今度は弟が不登校になることです。兄弟二人とも不登校になったことで、教師や周囲の大人は「あの家庭は、いったいどんな教育をしているのだ！　兄弟二人とも不登校になるなんて！」と家自体に「不登校傾向」のレッテルを貼ってしまいます。

弟が学校に行けなくなったのは「家が不登校傾向」だからではなく、別の理由があります。兄が学校に行けていないとき、弟は我慢を強いられていたからです。弟の心のなかには「なぜお兄ちゃんばかり、かまってもらえるのか！」という不満があったのです。簡単に言えば、愛情飢餓状態に置かれたことによる不満がたまっていて、兄の再登校をきっかけに、弟が不登校という形で不満が爆発したと考えられます。だから、兄が不登校になっているとき、弟に「お前のこともちゃんと大切に思っているよ。ありがとう」などと言って、大切にされている実感を与えるのです。私たちは子どもが「当たり前」にできていることを軽視しがちです。そういうときに子どもは問題を起こします。

きょうだいに非行に走ったり心の問題（たとえば摂食障害やうつ病）になったりした者がいた場合にも同じことが起こります。親は非行に走った子や心の問題を抱えた子にエネルギーを注がざるを得なくなります。非行のケースで説明すると、上の子が非行に走ると、下の子は素直になる（見える）パターンがあります。上の子が暴れるので、自分もいっしょのことができなくなるのです。

この場合の「素直」とは、言うまでもなく、抑圧している状態です。さらに、親から「あなたはちゃんとしてね」と言われることが拍車をかけます。きょうだい間では、「問題を起こす子」→「問題を起こさない子」→「問題を起こす子」という順番になることが少なくありません。「問題を起こさない子」はいい子なのかと思ったら大間違いです。問題を起こす子は、ある意味、自己表現しているので、そのときは大変ですが、問題が解決してからいい方向に向かいます。問題を起こさない子は抑圧しているので、問題が先送りされていることに気をつけないといけません。

きょうだいに障害のある子どもがいる場合にも、配慮が必要です。親は障害のある子どもにかかりっきりになるので、自然と我慢を強いられます。健常な子どもにも、親は「大切にしている思い」を伝える言葉かけやスキンシップを心がけてください。

「評価の言葉」で子どもを褒めるな

「子どもは褒めて育てましょう」と言われますが、褒め方には注意しないといけないことがあります。まず「褒め言葉」の問題です。「偉いね」とか「りっぱだね」と言って褒めると、子どもは「偉くない人」「りっぱでない人」をバカにしたり軽蔑したりするようになります。「偉い」とか「りっぱ」という言葉は、人を「評価」する意味を含んでいます。評価する言葉で褒めると、子どもは誰かと比較するようになったり、偉くないときの自分はダメと思ったりするようになるかもしれません。

だから、子どもを褒めるのなら、他者と比べる言葉を使わないことです。具体的には、

「うれしい」「ありがとう」という言葉です。子どもがテストでいい点を取ったら「お母さんもうれしいわ！」と言ってみましょう。掃除を手伝ってくれたら「キレイになったね。ありがとう」と感謝の言葉を伝えてみましょう。

そもそも他者と比較していいことはあまりありません。他者と比べると、親や教師は、「○○君と比べて、あなたはダメね」とたいてい否定的な言い方になります。逆に「○○君と比べて、あなたはいいね」と言ったら、今度は○○君が傷つきます。このようなことが続くと、子どもは他者と競い合うことを身に付けます。クラス内が競争の場になると最悪です。比較していい場合は、個人の成長にかぎります。「半年前に比べて、こんなことができるようになったね」と褒めるのです。

次に気をつけたいことは、褒める場面です。たとえば、2人きょうだいの場合、2人いっしょにいる前で、どちらか一人を褒めると、もう一人は傷つくことになるかもしれません。親が兄に対して「テストでいい点を取って、偉いねえ（この場合「うれしい」と言っても同じです）」と言ったとします。それを横で聞いている弟は「お兄ちゃんばかり褒められて……。クソッ！」と傷ついたり腹を立てたりするかもしれません。少なくとも良い気分になるはずがありません。

ならば、どうすればいいでしょうか。方法は簡単です。一人でいるときを狙って褒めるのです。

このことは学校現場にも当てはまります。クラスに30人いたとして、一人の生徒を褒めたとき、他の29人の生徒は嫌な思いをしているかもしれません。だから、褒めたい生徒がいたら、その生徒が一人でいるときを狙って褒めます。耳元で「今日は、よく頑張ったね。先生、うれしかったよ」とささやくように言ってはどうでしょう。

最後に最も気をつけたいことは、本書で繰り返し述べてきたように、価値観にまで高めて褒めることです。「男らしいねえ」とか「強いねえ」とか「しっかりしているねえ」といった褒め言葉です。こうした言葉は、「男らしくないこと」「弱いこと」「しっかりしていないこと」はダメということもメッセージとして同時に伝えていることになります。

結局、普段から大人が「うれしい」「ありがとう」という言葉を使う習慣を持てばいいのです。大人が日常的に使うようになれば、子どもも友だち関係で同じことをします。幼少期に子どもがこの習慣を身に付ければ、「一生物」になります。人は、自分がしてもらったことを、自然と人にして返すようになるのです。

あとがき

幼いとき私は、宮本亜門さんのように、いつも笑っている子どもでした。気持ちが落ち込んでいるときも、友だちから「今日はどうしたの？　何かあったの？」と言われると、私は「何もないよ」と言って笑顔を「つくって」いました。笑うことが当たり前になっていたのです。そして、当時は、笑うことが自分自身を苦しめることになるなど思いもしませんでした。心理学を学び、受刑者と関わるなかで、幼いとき私はなぜ笑っていたのか理由がはっきり分かりました。私は母親を喜ばせたかったのです。

私の父親は私が幼稚園のときに亡くなり、私は母親に育てられました。私は長男だったこともあって、周囲の者から「お前がしっかりして、将来は母親を支えていけよ」とよく言われました。幼いときの私は、そう言われることが「当たり前」になっていました。そして、幼いときの私の「母親を支える方法」の一つは、笑顔でいることだったのです。笑顔でいれば母親も喜んでくれる。そう思っていました。逆に言うと、笑顔でいないと母親は悲しむと思い込んでいました。自分で勝手に「母親に愛されるための条件」をつくっていたのです。そういう生き方が苦しみを生むことに気づくのは、かなり後になってからでした。

中学生の頃は、「将来はいい会社に入って、母親を楽にしてあげないといけない」と思っていました。一生懸命に勉強もしました。しかし結果にはつながりませんでした。それが、ストレスになっていたのでしょう。学校で私はイライラを他の生徒にぶつけるようになりました。教師からすると、ちょっとした「問題生徒」だったのです。当時は強がっていたようにも思います。喧嘩などできないくせに、強そうな相手に挑発的な言葉をかけていました。

今でも忘れられないことがあります。ある日、数学の教科の先生が休んで、自習の時間になりました。自習の時間には監督の先生が来ます。若い女性の先生でした。自習の時間は「遊びの時間」のような感覚です。まじめに勉強していない私を見た監督の先生は、私の隣に座っていた友だちに対して、「岡本君のようになったらダメよ。君はちゃんと勉強しなさいね」と言ったのです。それも、私の目の前で。その言葉を聞きながら私は、顔は笑っていながら、内心ひどく傷ついていました。

その後に、私は明らかな問題行動を起こしました。その若い女性の先生のテストでカンニングをしたのです。「魔が差した……」と言いたいところですが、理由があります。その先生が大嫌いになったからです。その先生のテストにかぎって、私はまじめに勉強してテストを受ける気持ちを完全に失くしていました。しかし、間の抜けた話ですが、試験中に教科書をこっそり出しているところを、あっけなく見つかりました。当然のことながら、放課後、母親が呼び出されることになります。

そのときの私の担任の先生は、英語を教える若い男性の先生でした。先生と母親だけが話し合いました。私は一人教室で待っていました。二人が話し終えた後、帰り道で私は母親から厳しく叱られることを覚悟しました。ところが、母親は何も言わなかったのです。それどころか、「今日の晩御飯は何にする?」と尋ねてきたのです。そのとき私は「なぜ叱らないんだろう?」と不思議で仕方ありませんでした。それからしばらくして、担任の先生が「無理しなくていいからな」と私に声をかけてくれたのです。そのとき私はすべてを理解しました。母親を呼び出したとき、担任の先生は私が日頃感じていたストレスを母親に話してくれたのだろう、と。私は担任の先生の「愛情」を感じました。同時に叱らなかった母親の思いもあらためてうれしく感じました。「今の自分でいい」と思えた瞬間でした。それ以降、私は「問題生徒」ではなくなりました。

罰を与えると人は悪くなる。愛を与えると人は良くなる。人は、人によって傷つけられる。だから、人は、人によってしか傷は癒されない。まだ「はっきりとした考え」にはなっていませんでしたが、中学生ながらに、そんなことを考えるきっかけとなりました。

最後に、第1章の宮本亜門さんとお母さんの会話の演習ですが、「私なりの正解」を記しておきます。それは、「何かしんどいことがあったの？　どんなことがあっても、お母（父）さんは君の味方だから」と言って子どもを抱き締める、です。これが、私が親に求めたい愛情表現の言葉です。

岡本茂樹

本書の成り立ちについて

本書の著者である岡本茂樹氏は、２０１５年６月26日にお亡くなりになりました。本書の元となる原稿は、新潮新書編集部がご遺族の依頼を受けて整理した遺稿の中に残されていたものです。

岡本氏は生前、新潮新書から『反省させると犯罪者になります』『凶悪犯罪者こそ更生します』の二冊を刊行されています。そうしたご縁もあり、著作権継承者にあたるご遺族は、遺稿が書籍化される場合、新潮社からの出版を希望されていました。編集部では、遺稿の論考は出版に値すると判断し、ここに新潮新書の一冊として刊行することといたしました。

本文については、誤字脱字を訂正し、重複箇所を削除しましたが、基本的には岡本氏が遺された文章をそのまま収録しております。ただし、タイトル、章題、小見出しについては、編集部の責任において変更しました。

新潮新書編集部

岡本茂樹　1958（昭和33）年兵庫県生まれ。元立命館大学産業社会学部教授。中高の英語教員を務めた後、武庫川女子大学大学院臨床教育学研究科博士課程を修了。臨床教育学博士。2015年没。

Ⓢ新潮新書
659

いい子《こ》に育《そだ》てると犯罪者《はんざいしゃ》になります

著　者　岡《おか》本《もと》茂《しげ》樹《き》

2016年3月20日　発行
2023年6月10日　10刷

発行者　佐　藤　隆　信
発行所　株式会社新潮社
〒162-8711　東京都新宿区矢来町71番地
編集部（03）3266-5430　読者係（03）3266-5111
http://www.shinchosha.co.jp

印刷所　錦明印刷株式会社
製本所　錦明印刷株式会社

ISBN978-4-10-610659-0　C0237

価格はカバーに表示してあります。

Ⓢ新潮新書

647
ほめると子どもはダメになる
榎本博明
生きる力に欠けた若者は、欧米流「ほめて育てる」思想の産物だ。「ほめても自己肯定感は育たない」「母性の暴走が弊害のもと」……臨床心理学で安易な風潮を斬る、日本人必読の書。

640
被差別のグルメ
上原善広
虐げられてきた人びとが生きる場所でしか、食べられない美味がある。アブラカス、サイボシ、鹿肉、イラブー、ソテツ、焼肉……垂涎の料理と異色の食文化を大宅賞作家が徹底ルポ。

820
ケーキの切れない非行少年たち
宮口幸治
認知力が弱く、「ケーキを等分に切る」ことすら出来ない——。人口の十数%いるとされる「境界知能」の人々に焦点を当て、彼らを学校・社会生活に導く超実践的なメソッドを公開する。

747
血圧と心臓が気になる人のための本
古川哲史
薬は一生止められない？　心臓によい運動は？　肉を食べると長生きできる？　O型は心筋梗塞になりにくい？　など、専門医が22の疑問に丁寧に答える。「長生きのコツ」決定版。

752
イスラム教の論理
飯山陽
コーランの教えに従えば、日本人は殺すべき敵であり、「イスラム国」は正しいイスラム教徒である——。気鋭のイスラム思想研究者が、西側の倫理とはかけ離れたその本質を描き出す。

756
「毒親」の正体
精神科医の診察室から
水島広子
「あなたのため」なんて大ウソ！　不適切な育児で、子どもに害を与える「毒親」。彼らの抱える精神医学的事情とは。臨床例をもとに精神科医が示す、「厄介な親」問題の画期的解毒剤！

822
憲法学の病
篠田英朗
「憲法学通説」の正体は、法的根拠のない反米イデオロギーだ！　東大法学部を頂点とする「ガラパゴス憲法学」の病理を、平和構築を専門とする国際政治学者が徹底解剖する。

547
フランツ・リストはなぜ女たちを失神させたのか
浦久俊彦
聴衆の大衆化、ピアノ産業の勃興、「アイドル化」するスターとスキャンダル……。その来歴に、19世紀という時代の特性が鮮やかに浮かび上がる。音楽の見方を一変させる一冊。

766
発達障害と少年犯罪
田淵俊彦
NNNドキュメント取材班
負の連鎖を断ち切るためには何が必要なのか。矯正施設、加害少年、彼らを支援する精神科医、特別支援教育の現場などを徹底取材。敢えてタブーに切り込み、問題解決の方策を提示する。

779
甲子園という病
氏原英明
壊れる投手、怒鳴る監督、跋扈する敬遠策……勝利至上主義の弊害を「感動」でごまかしてはいけない。監督・選手の証言多数。甲子園を知り尽くしたジャーナリストによる改革の提言。